LE LYCÉE

ET

L'ABBAYE DE St-ÉTIENNE

de Caen

PAR

ABEL DECAUVILLE LACHÊNÉE
Ancien élève du Lycée
Conservateur adjoint de la Bibliothèque de Caen
Officier d'Académie.

OUVRAGE ORNÉ DE CINQ GRAVURES

EN VENTE A CAEN
CHEZ TOUS LES LIBRAIRES

LE LYCÉE

ET

L'ABBAYE DE SAINT-ÉTIENNE DE CAEN

LE LYCÉE

ET

L'ABBAYE DE St-ÉTIENNE

de Caen

PAR

ABEL DECAUVILLE LACHÊNÉE

Ancien élève du Lycée
Conservateur adjoint de la Bibliothèque de Caen
Officier d'Académie.

OUVRAGE ORNÉ DE CINQ GRAVURES

EN VENTE A CAEN

CHEZ TOUS LES LIBRAIRES

PRÉAMBULE

Rappeler le passé de l'antique et célèbre abbaye de Saint-Étienne qui précéda le Lycée de Caen, décrire l'historique de celui-ci et son état actuel, était un sujet qui maintes fois m'avait tenté.

Une circonstance récente vient de me permettre d'exécuter ce projet. Chargé d'écrire plusieurs notices pour la grande publication éditée au Havre par M. Lemale, sous le nom de *Normandie monumentale et pittoresque*, la description de l'ancienne abbaye et du Lycée me fut attribuée. Mais par suite d'exigences typographiques, je n'eus que quelques pages à y consacrer. Ayant pour ce travail réuni une certaine quantité de matériaux, je profite de cette occasion qui m'a été donnée pour faire paraître la présente notice.

J'ai pensé que pour rendre cette étude plus claire et plus intéressante, il est bon de la diviser en cinq parties bien distinctes, afin qu'on pût envisager sous ses divers aspects notre grand établissement d'instruction. Les divisions sont celles-ci :

1° L'ancienne abbaye de Saint-Étienne, son origine, notions succinctes sur son passé;

2° Le Lycée, sa création, son état actuel comme monument;

3° Le Lycée, établissement universitaire, son origine, ses débuts, sa vie, ses usages;

4° Souvenirs d'un ancien élève, quelques figures disparues ;

5° Association amicale des anciens élèves du Lycée de Caen.

Si dans le cours de cette étude, j'ai substitué pour le récit, la première personne du pluriel à celle du singulier, je conjure ceux qui me feront l'honneur de me lire, de ne pas voir dans cette manière d'écrire une affectation prétentieuse.

Ennemi du *moi*, hostile à tout ce qui peut rappeler continuellement la personnalité, j'ai voulu supprimer le *je* qui fatalement reviendrait souvent, et j'ai pensé pouvoir m'effacer, me dissimuler autant que possible à l'abri de ce pronom collectif. Voilà mon seul motif.

Je serais heureux, si ces souvenirs que je réveille pouvaient faire revivre agréablement, pour mes anciens camarades, les années passées ensemble au Lycée, leur rappeler certaines figures aimées et l'origine de solides liens d'affection noués à cette époque déjà éloignée.

Aussi, je dédie cet opuscule aux anciens camarades qui nous ont précédé, à ceux avec lesquels j'ai vécu de la vie de collège, à ceux qui nous ont suivi, enfin à tous les élèves présents et à venir de notre grand et bel établissement d'instruction.

CAEN, 9 mai 1895.

LE LYCÉE

ET

L'ABBAYE DE SAINT-ÉTIENNE DE CAEN

I

L'ANCIENNE ABBAYE DE SAINT-ÉTIENNE DE CAEN

Dans l'histoire tout s'enchaîne, dit-on souvent. C'est une longue succession de faits découlant les uns des autres. En général, cette appréciation est exacte, mais il faut reconnaître également que certains événements ont produit des résultats bien inattendus. Ainsi, c'est à l'irrégularité du mariage de Guillaume le Conquérant que la ville de Caen doit le bonheur de posséder deux des plus belles abbayes de France, Saint-Étienne et l'abbaye aux Dames ou Sainte-Trinité.

En effet Guillaume, duc de Normandie, — à une date que nous ne nous chargeons pas de préciser, puisque les grandes chroniques sur l'histoire de Normandie, celle d'Orderic Vital, la chronique de Tours et autres la font varier de 1047 à 1063, — ayant épousé Mathilde, fille de Baudouin le Pieux, comte de Flandre, ce mariage fut frappé d'anathème par l'Église, et les deux époux ainsi que le duché de Normandie furent excommuniés.

Mathilde, ayant, comme Guillaume, Robert II, duc de Normandie, pour aïeul, le degré prohibé de parenté entre eux fut-il la cause réelle de cette excommunication, ce qui paraît invraisemblable, vu l'état de bâtardise du duc?

Faut-il croire au contraire, ainsi que l'affirment certains historiens, que Mathilde était déjà unie à Gerbod, avoué de Saint-Bertin (1), dont elle avait eu plusieurs enfants et que le refus de la Cour de Rome, de consentir au divorce, attira sur la tête de Guillaume et celle de Mathilde qui avaient déjà passé ou voulaient passer outre, les foudres de l'Église ? C'est le motif qui paraît le plus probable. Quoi qu'il en soit, en 1054 (ce qui ferait supposer qu'il faut reporter à 1053 la date du mariage), Mauger, évêque de Rouen, oncle de Guillaume, fulmina l'excommunication.

Cette mesure extrême, si l'on se reporte aux conséquences terribles qu'elle entraînait avec elle, à cette époque, révolta Guillaume et comme représailles son premier acte fut d'expulser Mauger de son siège et de le faire déposer en 1055 au concile de Lisieux. Ce ne fut pas ce motif qu'on allégua, mais on prétexta la vie déréglée de l'évêque de Rouen.

Parmi ceux qui s'élevèrent avec le plus de violence contre le duc, Lanfranc, abbé du Bec, se fit remarquer. Il devait donc naturellement suivre le sort de son évêque, et, comme lui, il fut chassé de son abbaye. Mais très fin diplomate, l'abbé dépossédé, au lieu de s'effacer et de subir en silence la peine qui le frappait, vint résolument trouver le duc et affronter sa colère. Le premier choc fut rude, mais avec une habile perspicacité, Lanfranc laissa passer l'orage et dans un moment d'accalmie il démontra à Guillaume que le pape ne voulait pas la mort du pécheur, qu'il ne demandait qu'un acte de soumission et qu'il serait possible, sous certaines condi-

(1) Sous la féodalité, l'avoué était un personnage important subrogé aux droits de l'Église pour le gouvernement des fiefs qu'elle possédait. C'est lui qui conduisait les hommes d'armes dépendant des abbayes, qui tenait les assises féodales où siégeaient et étaient jugés les hommes de fief, vassaux de l'Église. (Voir la *Grande Encyclopédie*, V° *Avouerie*.)

tions, d'obtenir le pardon du Saint-Siège ; qu'en bonne politique cela vaudrait mieux qu'une lutte stérile, dont les résultats ne pouvaient être que préjudiciables à ses intérêts ; que chacun des antagonistes n'aurait qu'à gagner à une entente cordiale. Guillaume fut frappé de ces arguments et comprit qu'il ne pourrait trouver plus habile négociateur que celui qui lui faisait si bien saisir les avantages et les inconvénients de la situation présente. Il se rendit donc aux raisons exposées par l'ancien abbé du Bec et lui donna pleins pouvoirs pour plaider sa cause devant le pape.

Lanfranc partit pour Rome et s'acquitta si heureusement de sa mission qu'en 1059, il revint avec une bulle de Nicolas II levant l'excommunication; mais, comme cela avait été prévu, avec certaines conditions au nombre desquelles se trouvait l'injonction pour Mathilde et Guillaume d'élever chacun une abbaye et de la doter.

Mathilde la première, s'acquitta du devoir qui lui était imposé et dès 1066, l'abbaye de la Sainte-Trinité, connue aujourd'hui sous le nom d'Abbaye aux Dames, était élevée et terminée. C'est à cette époque que Guillaume, sur le point d'accomplir son expédition en Angleterre, voulut à son tour se soumettre aux ordres du pape et fit ériger sur l'emplacement d'une ancienne chapelle dédiée au premier martyr chrétien, l'abbaye de Saint-Étienne.

Son premier soin fut de rappeler auprès de lui Lanfranc dans lequel il avait toute confiance, pour le charger d'en surveiller et continuer les travaux, et il le mit à la tête de l'important monastère, pour lequel il appela des moines de l'ordre de Saint-Benoit. Lanfranc fut donc le premier abbé de Saint-Étienne et occupa ce siège jusqu'à sa nomination à l'archevêché de Cantorbéry en 1070. Il laissait comme successeur Guillaume

Bonne-Ame, ancien évêque de Séez et parent du duc. Ce fut sous l'administration de ce second abbé qu'eut lieu la dédicace de l'église en 1077, onze ans après la pose de la première pierre. Cette cérémonie fut présidée par l'archevêque de Rouen, Jean d'Avranches, assisté de Lanfranc, archevêque de Cantorbéry, et de Thomas, archevêque d'York.

L'abbaye destinée à contenir cent vingt religieux, par suite des nombreuses donations qui lui furent faites tant en Normandie qu'en Angleterre par son fondateur et des largesses de nombreux courtisans, heureux d'imiter les actes du souverain, devint en peu de temps très opulente. Ce fut le noyau d'une grande agglomération de palais et de constructions princières, et successivement pendant les siècles suivants l'abbaye et ses dépendances formèrent une véritable ville ayant son autonomie. Naturellement, à la suite des guerres d'invasion et des troubles de toutes sortes, insuffisamment protégée, il devint indispensable de l'enclore complètement, ce qui eut lieu en 1354. Ces fortifications établies à grands frais n'empêchèrent pas l'abbaye de tomber aux mains de l'ennemi et même, en 1417, d'être occupée par les Anglais qui s'y fortifièrent et purent, de ses murailles et de ses tours, écraser la ville sous les feux de leur artillerie.

Mais de ce qui fut l'abbaye primitive et des constructions qui vinrent l'accroître, peu de traces subsistent ; pour mieux dire, de la première il n'existe rien. Parmi les restes encore debout des secondes, viennent au premier plan les vestiges presque méconnaissables de cet édifice gothique situé entre les deux bâtiments du Lycée actuel et improprement nommé Salle des Gardes du duc Guillaume, qui servit à l'Échiquier de Normandie. Ce fut là que plusieurs fois s'assemblaient les États de la province, et son vrai nom serait Salle des États.

Si nous en croyons les anciens historiens et les archéologues, c'était un monument d'une grande richesse et merveilleusement décoré à l'intérieur. Orné extérieurement aux quatre angles par des tours octogones à clochetons, flanqué au centre d'un avant-corps surmonté d'une pyramide quadrangulaire, éclairé de chaque côté par deux rangs superposés de hautes fenêtres ogivales aux capricieux meneaux, à l'une de ses extrémités s'ouvraient trois baies aux sculptures flamboyantes et à l'autre, on admirait une belle rosace aux gracieuses découpures, que naguère on pouvait encore voir. Aujourd'hui il est difficile de se rendre compte de cette magnificence.

Les fenêtres ogivales ont fait place à de pauvres ouvertures rectangulaires, celles de l'extrémité ont été bouchées après avoir perdu leurs meneaux ; ce qui était une rosace a été remplacé par une maçonnerie pleine, bien polie, formant un grand disque blanc qui jure au milieu des pierres noircies par le temps ; la pyramide, les clochetons n'existent plus. Seules trois des tourelles subsistent.

Des vitraux que le savant archéologue anglais Ducarel admirait, lors de son voyage en 1767, on n'a que la description qu'il en fit. Des riches briques armoriées, si célèbres, qui formaient le dallage de ses salles et dont l'explication excita souvent la verve et entretint les polémiques des érudits, un certain nombre après avoir servi aux études de l'abbé de La Rue et avoir été décrites par lui, ont été déposées à la bibliothèque publique de la ville ; d'autres ont servi au pavage de deux chapelles de l'église Saint-Étienne ; on en trouve encore au musée des antiquaires. Enfin quelques châteaux en Angleterre se sont enrichis aux dépens de ce trésor. Hélas ! là où les hauts barons, les seigneurs, les graves magistrats du pays se réunissaient pour délibérer sur les importants intérêts de la province, on ne trouve plus qu'une gymnastique ou les lycéens d'aujourd'hui se livrent aux exercices de l'éducation physique, qui, elle aussi, fut en grand honneur chez leurs ancêtres (1).

Quant au palais du Conquérant, appellation erronée, puisqu'il s'agit d'un bâtiment aux fenêtres ogivales du XIVe siècle, après avoir subi de nombreuses restaurations et de consciencieux grattages, il a été affecté à l'école normale jadis pour les instituteurs, aujourd'hui pour les institutrices. On a néanmoins conservé à l'intérieur l'ancien prétoire où le Sénéchal de l'abbaye tenait ses audiences et qui maintenant sert de chapelle à cet établissement.

Il existait encore, au siècle dernier, un bâtiment octogone terminé en coupole, avec quatre grandes cheminées, connu sous le nom de Cuisine de Guillaume ; il disparut vers la moitié du XVIIe siècle.

Le reste du palais du Conquérant, qui formait angle droit avec l'École normale actuelle, fut occupé par la gendarmerie à pied ; il était accompagné d'une charmante petite flèche dont les débris ont été recueillis au musée de la Société des Antiquaires. En 1864 cet édifice fut rasé avec ce qui subsistait de la seconde porte d'entrée de l'abbaye et est remplacé aujourd'hui par une école primaire.

(1) Dans les mémoires de la *Société des Antiquaires de Normandie* (t. XXI), accompagnant l'histoire de l'abbaye, par M. Hippeau, M. Georges Bouet a donné une lithographie de la Salle des Gardes telle qu'elle était alors, avec une heureuse reconstitution en blanc des parties disparues.

Les bâtiments abbatiaux construits derrière la Salle des Gardes, près de la rue qui en a conservé le nom (rue de l'Abbatiale) et qui renfermaient de magnifiques salles aux murs et aux solives armoriés et une chapelle dénommée Chapelle au Duc ont disparu depuis longtemps.

En 1490, Charles de Martigny, évêque de Castres et abbé de Saint-Étienne, avait fait élever un palais au fond de la cour qui fait face au pavillon d'entrée du Lycée, continuant les bâtiments abbatiaux et venant en équerre avec la Salle des Gardes. Ce palais qui avait deux façades était d'une riche ordonnance, et avec les fenêtres à meneaux en croix et quelques autres en ogive marquait le passage du style gothique à celui de la Renaissance. Il mesurait 18 mètres et portait le nom de Logis neuf de l'évêque de Castres. C'est de 1842 à 1844 qu'il fut abattu pour faire place au pavillon occupé aujourd'hui par l'infirmerie. Avec lui disparurent le Moulin et le Colombier.

Ainsi, aujourd'hui s'il existe quelques traces d'un autre palais abbatial construit vers la fin du XVIIe siècle, elles sont renfermées dans les murs du couvent de la Visitation, mais n'ont aucun caractère architectural. Des fortifications, il ne subsiste guère que le mur qui règne le long de la rue du Carel avec une petite tour connue sous le nom de Tour Puchot.

Toutes ces riches constructions ne faisaient pas à proprement parler le noyau de l'abbaye. Elles étaient encloses dans son enclave et s'abritaient derrière ses murailles ; mais les bâtiments conventuels formant réellement le monastère eurent souvent à subir des transformations. Jusqu'en 1562, malgré les invasions anglaises, l'abbaye fut puissante et ses abbés choisis parmi les personnages les plus illustres du royaume. Pour les citer il faudrait faire l'histoire de l'abbaye, ce que ne comporte pas cette notice, et qui du reste a été faite par un savant autorisé, M. Hippeau, d'une manière bien complète.

Malheureusement pour l'abbaye, une transformation se fit dans sa direction. Depuis l'origine, des abbés effectifs, habitant le monastère, vivant au milieu des moines, s'intéressant aux affaires et à la prospérité de l'établissement qui leur était confié, avaient eu cette direction. Mais le 18 mai 1531, François Ier investit le cardinal François de Tournon du temporel de l'abbaye; ce fut le début de l'introduction des abbés commendataires qui, par la suite, ne se préoccupèrent que de toucher ou faire toucher leur mense, qui par arrangement s'élevait aux deux tiers des revenus de l'abbaye et se désintéressèrent de la direction spirituelle du monastère. Bien plus, quelques-uns, comme nous le verrons, refusèrent de coopérer aux réparations les plus urgentes. Plusieurs ne firent jamais acte de présence. Ce fut là l'origine de la ruine de bien des abbayes.

Les guerres de religion, qui désolèrent la Normandie, eurent à Caen des résultats épouvantables, dont, non seulement les habitants, mais encore les monuments furent les victimes innocentes. En 1562, les protestants victorieux mirent, ainsi que nous pouvons le lire dans notre vieil historien M. de Bras, toute la ville à sac. L'abbaye, naturellement, ne fut pas épargnée; tous les bâtiments, l'église en partie furent détruits ; c'est à peine s'il resta debout le palais de Guillaume, la Salle des Gardes et le Logis neuf de l'évêque de Castres.

Longtemps le monastère resta à l'état de ruines ; péniblement on mit en état quelques parties des bâtiments pour abriter les rares religieux qui composaient alors la communauté (14 religieux et 2 novices en 1600).

L'abbé Charles d'O, qui occupa ses fonctions de 1582 à 1618, s'était toujours refusé à coopérer aux réparations, bien qu'en 1614 il eût chargé Nicolas Yon, avocat à Pont-Audemer, à qui il avait affermé les revenus de l'abbaye, d'entretenir les maisons, moulins et édifices en dépendant. Ce ne fut guère qu'en 1624, que le cellérier Mathieu de la Dangie de Ranchy proposa pour le rétablissement de la règle une constitution qui fut adoptée. C'était bien pour le spirituel; mais l'ordre matériel avait besoin qu'on s'occupât également de la restauration du bâtiment. Ce fut alors qu'on put apprécier le zèle du prieur Jean de Baillehache, à qui l'on doit la conservation et la restauration de l'église.

C'est merveille de voir que ces deux hommes en lutte ouverte, ayant chacun des goûts opposés, aient pu mener à bien, chacun dans leur sphère, la réorganisation complète du monastère. En effet, Mathieu de la Dangie, effrayé de l'état de dissolution scandaleuse où étaient tombés les moines, ne s'occupant que du spirituel, voulut comme conciliation « accommoder les prescriptions de Saint-Benoît avec l'infirmité du siècle ». C'était faire la part du feu, mais opposé aux désirs du grand prieur qui ne reconnaissait que la règle primitive et n'admettait qu'un moyen de rétablir la discipline, appeler des moines de la congrégation de Saint-Maur. De là vint la scission entre le cellérier et le grand prieur, hostilité dont les conséquences faillirent être la perte de l'abbaye qui fut sur le point d'être réunie à la mense archiépiscopale de Rouen.

Si Mathieu de la Dangie ne s'occupait avec ardeur que du spirituel, dom de Baillehache ne perdait pas de vue la situation temporelle. N'ayant pas à nous occuper de l'église, nous laisserons de côté ce qui concerne sa reconstruction, nous ne nous occuperons que des bâtiments conventuels toujours restés dans un état de délabrement complet. Malgré les engagements pris par Nicolas Yon au nom de l'abbé Charles d'O, rien n'avait été fait. Dom de Baillehache profita de la nomination, comme abbé, du comte de Moret, personnage dont la vie fut énigmatique, et qui était fils naturel de Henri IV et d'Anne de Bueil, pour lui exposer ses revendications. Celui-ci résista, mais enfin il finit par s'engager envers les religieux à affecter chaque année sur ses revenus, 3,000 livres pour la réédification des dortoirs, du réfectoire et du cloître. Ces réparations furent soigneusement faites sous la direction de Jean de Baillehache, qui, malgré son zèle, ne put faire exécuter complètement les restaurations nécessaires. Les logis étaient tellement insuffisants qu'à plusieurs reprises les religieux durent changer leur asile.

Cet état de choses subsista presque jusqu'en 1663, année où Geneviève de Bourbon, duchesse de Longueville, qui avait fait nommer son fils, Charles Paris d'Orléans, comte de Saint-Paul, abbé de Saint-Étienne à l'âge de onze ans, fit faire quelques réparations sérieuses pour l'installation des moines de la congrégation de Saint-Maur, appelés à remplacer les Bénédictins de l'ordre primitif, que les abus, les désordres de toute espèce causés par le changement fréquent de domicile, les querelles intestines et le manque de direction avaient entraînés à un déplorable relâchement de mœurs. Elle réalisait ainsi le vœu exprimé déjà par dom Jean de Baillehache.

La congrégation de St-Maur, installée le 10 octobre 1663, ramena l'ordre dans le monastère qui, en peu de temps, redevint florissant. Le nombre des religieux augmenta considérablement et les bâtiments devenus insuffisants, il fallut pourvoir à leur agrandissement. Le mauvais état de ce qui restait, la difficulté de les approprier à une convenable installation, engagèrent les religieux à faire une construction entièrement neuve. Aussi, en 1704, appelèrent-ils Guillaume de La Tremblaye, frère convers de l'ordre, à qui l'on doit les abbayes de Sainte-Trinité à Caen et de Saint-Denis, près Paris, et le chargèrent de dresser les plans d'un nouvel édifice et d'en surveiller la construction, ce que les immenses revenus de l'abbaye leur permettaient alors de faire (1).

Telle fut l'origine des bâtiments que nous voyons aujourd'hui et qui, commencés sous la direction et sur les plans de Guillaume de La Tremblaye, ne furent achevés qu'après sa mort, en 1726 ; du moins pour cette date en ce qui concerne la façade orientale, le reste l'ayant été plus tard, comme nous le verrons ci-après.

A la Révolution cet établissement fut confisqué au profit de l'État, et le 2 octobre 1790, les religieux reçurent l'ordre de quitter le monastère.

(1) Le dimanche 3 juillet 1706, dans une allocution faite en l'église Saint-Nicolas, contre les Bénédictins, Mgr de Nesmond, évêque de Bayeux, leur reprochait d'avoir 80,000 livres de rente et de ne pas faire l'aumône. En 1774, les revenus de l'abbaye s'élevaient à la somme respectable de 192,000 livres.

II

LE LYCÉE, SA CRÉATION, SON ÉTAT ACTUEL COMME MONUMENT

Pendant la période révolutionnaire, les administrations départementales occupèrent l'abbaye. Le 21 frimaire an IX (12 octobre 1800) le préfet Dugua y installa la nouvelle Académie des Sciences, Arts et Belles-Lettres, sous le nom de Lycée. Ce fut seulement en 1804, cent ans après sa reconstruction, que sur les instances du préfet Caffarelli, ancien chanoine de Toul, le Lycée actuel fut réellement établi dans les bâtiments conventuels. Mais pour cette installatton on débuta par un acte irréparable de vandalisme qu'on eût pu facilement éviter, la mutilation de la Salle des Gardes pour y mettre les classes.

L'ensemble actuel du Lycée se compose de deux bâtiments parallèles formant chacun un édifice avec trois pavillons, un à chaque extrémité et le principal au centre. Il existe un rez-de-chaussée élevé, surmonté de deux étages comprenant chacun vingt-sept fenêtres, et au-dessus un rang de lucarnes. Le pavillon central du côté du parterre est surélevé d'un étage et se termine par un fronton dans lequel sont deux statues allégoriques couchées, représentant, celle de gauche la Foi, celle de droite l'Étude. Un petit clocheton domine l'édifice. Au-dessus de la porte centrale, à laquelle on accède par un large perron, on voit encore le buste décapité de Guillaume le Conquérant en costume François Ier.

Ces deux bâtiments sont reliés entre eux par un troisième qui contient le réfectoire, des études et des dortoirs ; l'ensemble présente la figure de la lettre H. Entre le bâtiment central et les deux autres dont les extrémités viennent s'appuyer à l'église, se trouvent les anciens cloîtres.

En face de l'édifice principal s'étendaient de magnifiques jardins qui allaient jusqu'à l'église du vieux Saint-Étienne, mais qui, en 1810, furent coupés et réduits par une rue accédant à la prairie et fermés par un mur surmonté d'une grille. Aujourd'hui transformés en quatre carrés de gazon, les jardins, bordés des deux côtés perpendiculaires au Lycée de rangées de tilleuls, portent encore le nom de Parterre, que les moines lui avaient donné.

L'entrée principale du Lycée se trouve près du portail de Saint-Étienne, dans un pavillon à un seul étage, orné d'un balcon en fer forgé. Une haute porte cintrée, au-dessus de laquelle sont sculptées les armes de la congrégation de Saint-Maur (le mot PAX entouré d'une couronne d'épines et surmontant les trois clous de la Passion), armes que nous retrouverons sur plusieurs grilles et dans quelques parties du Lycée, donne accès à un vestibule dont la voûte simule la concavité d'un bouclier rond échancré de quatre côtés. Cette porte fait face à une autre ouvrant sur une cour où règne dans sa longueur la façade occidentale du Lycée.

Plus loin, un magnifique escalier orné d'une belle rampe en fer forgé conduit aux étages supérieurs, aujourd'hui occupés par l'appartement du proviseur. Jadis ce pavillon était l'habitation du cellérier de l'abbaye.

En laissant cet escalier, nous traversons une galerie voûtée sous laquelle nous trouvons à droite le parloir.

Cette magnifique pièce de forme ovale, voûtée comme du reste tout le rez-de-chaussée du Lycée, servait de grand salon de réception pour les personnages illustres qui visitaient l'abbaye. Elle contient aujourd'hui les souvenirs précieux, bustes, portraits, médaillons, etc., de ceux qui illustrèrent le Lycée. C'est, en un mot, la salle d'honneur. On y remarque encore dans les impostes au-dessus des portes quelques restes du vitrage primitif, faciles à reconnaître à leur teinte verdâtre.

A l'extrémité du parloir commence un escalier monumental accédant aux étages les plus élevés. Il est décoré d'une magnifique rampe en fer forgé, d'un dessin et d'une délicatesse incroyables. C'est l'œuvre d'un des religieux qui avait dans la maison un atelier de serrurerie et dont le nom ne nous a pas été conservé. C'est dans la cage énorme de cet escalier que le savant physicien Léon Foucaut vint faire des expériences sur le pendule afin de démontrer la rotation de la terre.

La première salle au delà du vestibule où nous pénétrons était jadis un *salon de compagnie* d'où l'on passait dans la salle à manger qui y fait suite et où étaient reçus les étrangers de distinction venant loger à l'abbaye. Quelques boiseries subsistent au-dessus des portes, mais elles sont loin d'avoir conservé la délicatesse de leurs sculptures, grâce aux couches successives de peinture qui les ont empâtées. Ces deux pièces ont été transformées en réfectoires et viennent de recevoir un magnifique dallage en mosaïque. Toute l'aile où nous sommes, fut commencée en 1730 sous la direction de l'architecte Bayeux, qui s'intitulait « *Ingénieur du roi* », et fut arrêtée en 1755. Affectée à l'habitation des étrangers, elle portait le nom de l'Hôtellerie. Ce ne fut qu'en 1844 que fut terminé le bâtiment occidental.

En quittant l'ancienne salle à manger nous suivons

un corridor pris à même une grande pièce où jadis les religieux à qui leur état de santé ne permettait pas de suivre les austérités de la règle, prenaient leurs repas.

Sur les anciens plans nous y voyons aussi établie « la Dépense ».

A l'extrémité de ce couloir, nous trouvons les

énormes cuisines qui occupent l'emplacement de celles des moines.

En revenant sur nos pas, nous entrons à droite dans une immense salle voûtée qui forme le rez-de-chaussée de la partie reliant les deux façades du Lycée. Ancien réfectoire des moines, c'est aussi celui des élèves.

On y arrive par cinq portes à cintre légèrement surbaissé, comme les voûtes, du reste ; deux à chaque extrémité et une sur le côté gauche de celle où nous entrons. Cette porte communique avec les cloîtres.

Le réfectoire est, sans contredit, la plus belle salle du Lycée. D'une longueur de trente mètres, il est éclairé par sept grandes fenêtres cintrées et orné d'un haut et magnifique lambris en chêne délicatement sculpté, atteignant jusqu'à la base de l'arcade des voûtes. Pour l'exécution de cet admirable travail, les Bénédictins avait fait venir à grands frais et choisi avec le soin le plus méticuleux, des chênes de Hollande et des forêts leur appartenant dans le pays même, à Outrelaize, au Molay, etc. C'est sous la direction et les dessins de l'un d'entre eux, nommé François Poche, que ces boiseries furent faites. Elles venaient d'être terminées peu de temps avant la Révolution.

Là ne se bornent pas les richesses du réfectoire. A l'une des extrémités, celle du côté des cuisines, un immense tableau occupe la partie existant entre les lambris et la voûte et représente la descente de Guillaume le Conquérant en Angleterre, au moment (fait très douteux) où il ordonne de mettre le feu à sa flotte, pour enlever à ses troupes tout espoir de retour. Ce tableau, œuvre de Nicolas-Bernard Lépicié, fut exposé par lui au Salon de 1765.

Outre ce tableau, il existe au-dessus des portes du côté opposé deux petites toiles représentant des paysages et d'une excellente facture. L'auteur, de l'école française du XVIIIe siècle, est inconnu. Plus haut se trouvent deux tableaux figurant Jésus tenté par le Diable et Jésus et la Samaritaine. On ignore également les auteurs de ces deux tableaux.

Immédiatement après et faisant face à chacune des fenêtres, encadrés dans les arcades, on remarque sept tableaux ayant chacun 2^{m},17 de hauteur sur une largeur de 2^{m},05, et représentant : le premier, Jésus-Christ et le Centenier, école française du XVIIIe siècle, auteur inconnu;

Le deuxième, la Multiplication des pains, signé Bonnet Danval et daté de 1763;

Le troisième, Jésus-Christ guérissant les malades, école française du XVIIIe siècle;

Le quatrième, les pèlerins d'Emmaüs, de Jean Restout le fils. L'esquisse de ce tableau avait paru au salon de 1747;

Le cinquième, le Baptême de Jésus-Christ, signé Nicolas-Bernard Lépicié, 1763. Ce tableau fut exposé au Salon de 1765;

Le sixième, Jésus-Christ laissant venir à lui les petits enfants, du même auteur et exposé au Salon de 1767;

Enfin le septième, Jésus-Chrit guérissant l'aveuglené, attribué à Jean Restout le fils.

Ces tableaux, dont plusieurs sont fort remarquables, entre autres, les disciples d'Emmaüs, sont dans un excellent état de conservation. Mais l'épaisseur des murailles dans lesquelles s'ouvrent les fenêtres, et qui ont plus de 2 mètres, permettant l'installation d'une petite pièce entre la boiserie et l'encadrement de chaque fenêtre, laisse toujours, sauf à quelques heures de la journée, une assez parcimonieuse lumière, pour que les tableaux soient assez rarement dans un bon jour.

En sortant du réfectoire, on arrive à la base du grand escalier suspendu, si remarquable par sa hardiesse et la sobre élégance de sa rampe en fer forgé.

La légèreté de cet escalier qui s'élance jusqu'aux combles sans aucun support fait supposer que les pierres en sont reliées par une charpente intérieure en fer, puisque de la base au sommet rien ne paraît le soutenir. Il est séparé d'un vestibule formant un rectangle long, par trois grandes arcades dont celle du milieu lui sert d'accès. Les deux autres correspondent aux portes du réfectoire.

En face, nous pénétrons au centre du grand bâtiment oriental donnant sur le parterre et dont la façade atteint une longueur de 105 mètres. Là se trouve un vestibule à coupole surbaissée et circulaire. A droite la salle des fêtes du Lycée, qui, du temps des moines, leur servait de promenoir et de salle de récréations. A la suite de celle-ci est la salle actuelle de dessin jadis nommée Salle de Guillaume parce qu'on y voyait alors, entre autres portraits, celui du fondateur de l'Abbaye.

En parcourant de nouveau la salle des fêtes et le grand vestibule, nous trouvons la chapelle, autrefois Salle du Chapitre, et qui sous la Révolution servit aux réunions du district. Sur l'un des panneaux de la boiserie, en face de la chaire, on peut voir encore la trace des affiches de cette époque.

La chapelle lambrissée, comme le réfectoire, de magnifiques boiseries, est précédée d'une espèce d'antichambre connue jadis sous le nom de « Chauffoir » avec laquelle elle communique par deux baies rectangulaires. Entre ces deux portes, dans la chapelle s'élève le siège abbatial orné de son prie-Dieu, splendide travail de boiserie sculptée.

La chaire est une espèce de tribune formée par l'embrasure profonde de la fenêtre centrale. L'autel en bois sculpté est moderne et a été fait sous la direction de M. l'abbé Croquet, alors aumônier du Lycée et décédé, il y a quelques années, à Bonvin, département de l'Orne, où il avait fait construire une maison d'une incontestable originalité, mais d'un goût plus que douteux.

On remarque aux deux extrémités de la chapelle deux grands tableaux ; l'un, au-dessus et derrière l'autel représentant le *Passage de la mer Rouge,* est attribué à Sébastien Bourdon et n'ajoute rien à la gloire de son auteur. L'autre très remarquable, surmontant le siège abbatial, est, dit-on, de Mignard.

Ces deux tableaux et un troisième placé dans la sacristie et dans lequel on voit Moïse tuant un Égyptien pour défendre les filles de Jéthro, ont suscité des discussions à propos de leur paternité. Ce dernier a été attribué par les uns à Mignard, par d'autres à Lebrun, dont il présenterait plutôt le faire. Dans le cinquième volume de l'inventaire des richesses d'art de la France, cette paternité est contestée par deux de nos compatriotes, MM. Lumière et Buret, qui déclarent n'avoir pas trouvé trace de ces tableaux dans les catalogues des œuvres de ces maîtres.

Quoi qu'il en soit, les religieux de Saint-Étienne les croyaient bien authentiques car ils en firent l'acquisition en 1764, à la vente du noviciat des jésuites de Paris, lors de l'expulsion de cet ordre, estimant acheter deux Mignard et un Sébastien Bourdon.

Les six autres tableaux qui décorent la chapelle et qui, comme dans le réfectoire, font face aux fenêtres, ont chacun une hauteur de $2^{m},50$ sur une largeur de $1^{m},70$.

Trois d'entre eux, la *Visitation*, *Saint-Pierre* et *Saint-Jean guérissant un paralytique*, et *Saint-Phi-*

lippe baptisant l'eunuque de la reine de Candace, sont dus au pinceau d'un des religieux, dom Fournier, qui fit preuve de plus de bonne volonté que de talent et qui se disposant à décorer entièrement la chapelle ne put, heureusement, aller plus loin, non pas que ces toiles manquent absolument de mérite, mais elles eussent privé l'établissement de la propriété des trois autres incontestablement supérieures.

Deux autres tableaux, le *Christ crucifié* entouré d'anges et le *Martyre de Saint-Étienne*, sont de Jacques Noury, peintre de talent, né à Carpiquet près Caen.

Quant au dernier, la *Conversion de Saint Paul* est un bon tableau considéré comme étant d'un auteur inconnu. Nous serait-il permis d'y voir là la toile portant le même titre exposé au Salon de 1767 par Nicolas-Bernard Lépicié dont le réfectoire possède un autre tableau ayant figuré au même salon. Dans sa facture il nous semble que rien ne s'opposerait à cette attribution.

Au fond de la chapelle, une porte sur le côté conduit à la sacristie. Cette pièce servait aux moines au même usage mais seulement dans les grandes cérémonies. Entourée également de magnifiques lambris dont plusieurs contenaient des glaces qui ont disparu, elle possède deux grands tableaux. L'un dont nous avons parlé plus haut, Moïse tuant un Égyptien ; l'autre, qui lui fait face, simule une balustrade en bois avec perspective architecturale à l'antique, placée en angle avec une colonnade. Sur une des marches on lit la signature de Gilet, architecte à Caen, avec la date de 1776. Gilet fut un artiste de mérite qui avait conçu un certain nombre de plans pour l'embellissement de la ville et entre autres celui d'un magnifique théâtre, plan dont la bibliothèque de la ville possède l'original.

A l'issue de la sacristie s'amorce un escalier, également suspendu et orné d'une magnifique rampe en fer, œuvre d'un nommé Le Clerc, serrurier à Rouen, appelé pour ce travail en 1726.

Cet escalier, que nous avons vu longtemps condamné par un barrage en planches et qui a été de nouveau dégagé, donnait accès aux dortoirs occupant toute la façade du Lycée. Ces dortoirs qui, du temps de l'abbaye, formaient une longue galerie où s'ouvraient les chambres des religieux, lesquelles prenaient toutes jour sur le parterre, ont été, comme nous les avons connus, occupés par une double rangée de cellules grillées, adossées les unes aux autres et où couchaient les élèves. Aujourd'hui les cellules ont disparu et les dortoirs éclairés des deux côtés offrent plusieurs rangées de lits uniformes, et l'air et le jour y circulent abondamment. A chaque extrémité, des lavabos perfectionnés ont remplacé les auges de plomb et les maigres robinets à gueule de lion qui dispensaient si parcimonieusement l'eau pour les ablutions.

Au premier, on remarque une belle boiserie ayant encadré une horloge analogue à celle qui existe dans l'église et faite en 1744 par un nommée Gautier, qui fut aussi l'auteur de celle-ci, et le tableau en bois sculpté qui contenait l'ordre de roulement des cérémonies et le nom des officiers en exercice.

Vers le centre du dortoir, une porte s'ouvre sur le palier du premier étage du grand escalier suspendu. En face s'étend une longue galerie sur laquelle donnent les salles d'étude et qui est fermée par une magnifique grille en fer forgé dont l'imposte est orné de rinceaux au centre desquels sont les armes de la congrégation de Saint-Maur. Les salles d'étude remplacent les chambres réservées jadis aux religieux malades et sont au-dessus du réfectoire.

Le corridor que nous venons de parcourir débouche perpendiculairement au centre d'une autre galerie occupant toute la longueur de la façade du bâtiment occidental du Lycée et où prennent accès d'autres salles d'étude. A droite nous rencontrons l'escalier qui conduit du parloir aux étages supérieurs. Au delà sont les pièces affectées à l'habitation du censeur ; plus loin un petit passage descend par quelques marches jusqu'au second palier de l'escalier qui dessert le pavillon d'entrée.

Au-dessus du grand corridor qui se ferme par une grille semblable à celle que nous venons de voir, sont des chambres occupées par des professeurs résidant au Lycée, l'appartement de l'aumônier, et à l'extrémité, l'infirmerie avec cellules et chambres parfaitement aménagées.

Toute cette partie du deuxième bâtiment, depuis les pièces qui constituaient l'hôtellerie et que nous avons indiquées dès le début, date de 1842.

Si l'on descend l'escalier du parloir, on rencontre à mi-chemin un entresol où l'économat occupe la place de ce que l'on connaissait jadis sous le nom de *cages*. Ces petits locaux destinés, de notre temps, à renfermer pendant le jour les élèves convaincus de fautes graves, consistaient en trois chambres revêtues d'un enduit de plâtre blanc et étaient éclairées par une large fenêtre prenant jour sur la cour des petits. Aux deux extrémités, à un mètre environ de la porte et de la fenêtre, une solide grille en fer empêchait le reclus d'approcher de l'une et de l'autre. Un siège fixé au mur formait tout le mobilier de cette cellule.

A la suite des cellules ou cages étaient les salles de bains, et les bains de pieds organisés de telle façon que toute une division pouvait à la fois venir accomplir cet acte nécessaire d'hygiène et de propreté. Devant chacun des sièges fixes en boiserie, des cuvettes en cuivre étamé et percées au fond de plusieurs trous, se remplissaient d'eau chaude à un moment donné et lorsque le temps suffisant au bain était accompli, l'eau disparaissait. C'était un système ingénieux et très pratique.

Des bains, on descendait par un escalier neuf, à rampe lourde en fonte dont les motifs présentaient encore les armes de Saint-Maur et faisant contraste avec les rampes des autres escaliers ; celui-ci conduit de l'infirmerie à la cour des petits.

De l'entresol, en revenant sur nos pas, nous descendons au vestibule entre le parloir et les petits réfectoires. Une porte communique avec le centre d'un des côtés du cloître, lequel est borné d'un côté, celui où nous entrons, par l'ancienne hôtellerie, d'un autre à droite, par le réfectoire, d'un troisième en face par la chapelle et enfin du quatrième par l'église Saint-Étienne. A l'extrémité de ce côté une porte donne accès à la galerie voûtée, percée de trois grandes niches vides, dans laquelle s'ouvre le parloir et qui débouche dans le vestibule d'entrée.

Ce cloître à pilastres d'ordre dorique, aux arcades cintrées, est orné d'une voûte à double arête et à plafond octogone. Il enserre un jardin dont les gazons et les fleurs égayent l'aspect un peu sombre que nous avions coutume de lui trouver, quand ce jardin était obstrué par une épaisse frondaison de tristes cyprès et de rosiers incultes et échevelés.

Rentrant dans le vestibule d'entrée, nous pourrions arrêter là notre exploration dans le passé et dans le présent. Mais nous ne pouvons quitter le Lycée sans dire un mot de la magnifique cour dite Parterre, nom qu'elle portait, comme nous l'avons dit, lorsqu'elle était occupée

par les jardins de l'abbaye. S'étendant jusqu'auprès de l'église du vieux Saint-Étienne, ce jardin, à gauche duquel était le cimetière des moines, se terminait par une promenade d'arbres plantés en quinconces. Mais vers 1810, la ville, voulant donner un accès à la prairie, obtint d'ouvrir une rue qui coupa brusquement le parterre et ferma celui-ci par un mur assez élevé et surmonté d'une grille soutenue de place en place par des pilastres carrés terminés par une boule. La partie restée en dehors forme la promenade dite du Parc ou des Marronniers.

Quant aux classes, puisqu'il faut en parler, elles répondent peut-être aux exigences des divers services, mais extérieurement le bâtiment qui les contient, désagréable à l'œil, composé d'un long rez-de-chaussée éclairé de hautes fenêtres cintrées, et dominé par un étage en retraite, a le double inconvénient de gâter le coup d'œil que présente le Lycée et de masquer l'imposante abside de Saint-Étienne. On s'est souvent élevé contre son emplacement malheureusement choisi ; mais il parait que les plaintes réitérées n'ont pas produit grand effet, car récemment on a édifié pour l'école primaire annexe ou Petit Lycée, une construction dont l'emplacement, aussi bien trouvé, lui permet de faire pendant à son aînée, et de supprimer l'aspect de l'autre aile du Lycée.

Espérons que d'autres nécessités d'agrandissement quelconques ne viendront pas tôt ou tard exiger l'érection d'autres édifices devant la façade du Lycée pour en enlever entièrement la vue et continuer à jeter un défi au bon goût.

Nous avons terminé cette notice en ce qui concerne la partie archéologique et monumentale du Lycée ; dans le chapitre suivant nous en aborderons l'historique au point de vue de son existence comme établissement universitaire.

III

LE LYCÉE, ÉTABLISSEMENT UNIVERSITAIRE, SON ORIGINE, SA VIE, SES USAGES

Après avoir parlé du Lycée au point de vue monumental, nous pensons qu'il est utile de dire quelques mots sur son origine, sur sa vie, sur ses directeurs, les maîtres illustres qui y ont professé et les célébrités qui y ont puisé l'instruction. De plus, nous ajouterons quelques souvenirs sur le temps passé et nous esquisserons quelques profils de personnalités originales aujourd'hui disparues.

A ce propos, nous protestons énergiquement contre toute intention de dénigrement malveillant, déclarant formellement que n'ayant eu aucun motif personnel d'animosité, nous nous sommes contenté de crayonner ce que nous avons vu. Si quelques figures paraissent un peu sombres, nous faisons appel au souvenir de nos contemporains qui pourront, nous en avons la conviction, certifier que souvent nous avons atténué bien des ombres.

Du 10 juin 1791 à 1795, c'est-à-dire depuis la fermeture des quatre collèges existant à Caen, sauf le collège du Mont, qui, érigé en une espèce d'Université, ne fut supprimé qu'en 1793, jusqu'au moment où fut établie l'École Centrale, qui précéda le Lycée, il n'y eut à Caen aucun grand établissement d'instruction publique. L'École Centrale eut une organisation provisoire et insuffisante et ce ne fut que sur les instances du préfet

Caffarelli, ancien chanoine de Toul, que fut créé le Lycée, le 6 mai 1803. L'ouverture ne put avoir lieu à l'époque fixée et, après avoir été deux fois retardée, elle fut célébrée le 20 juin 1804. Cent ans s'étaient écoulés depuis la construction des bâtiments qui lui furent affectés.

Le premier proviseur fut un M. Vastel, né à Cherbourg. Il prit possession de ses fonctions avant l'inauguration du Lycée, le 20 octobre 1803 et fut retraité sur sa demande en 1809, pour cause de santé. Son successeur fut M. Robert de Saint-Vincent; l'on compte après eux MM. l'abbé Blavinhac, Delaroche, l'abbé Royer, décédé curé de Saint-Étienne, l'abbé Daniel qui, après avoir été deux fois recteur de l'académie de Caen, puis inspecteur général de l'Université, fut appelé au siège épiscopal de Coutances et d'Avranches qu'il occupait au jour de son décès, arrivé en 1862. M. Renard, nommé, n'accepta pas et fut remplacé par M. Sandras. Celui-ci, nommé à Strasbourg, eut pour successeur M. Renard susnommé. A M. Renard succéda M. Landois, ensuite l'abbé Desprez, alors censeur, et M. Desprez, ayant pris sa retraite, fut nommé supérieur de l'important établissement du Bon Sauveur qu'il administrait à sa mort, survenue en octobre 1881. Le ministre nomma à sa place M. Lair qui n'accepta pas et envoya comme proviseur M. Rousselot qui, après cinq ans d'une remarquable administration, fut nommé aux délicates fonctions de censeur du Lycée Condorcet. Aujourd'hui il dirige le collège Rollin. Après M. Rousselot, le Lycée fut confié à M. l'abbé Folliolley, proviseur de Laval, qui ne quitta son poste après quatre ans, que pour aller relever le Lycée de Nantes aujourd'hui très florissant avec lui. M. François, proviseur de Besançon, fut appelé à le remplacer et, après deux ans de bons services, céda ses fonctions à M. Guigon qui successivement proviseur des Lycées d'Alençon, de Saint-Étienne et de Caen, vient d'être, âgé de moins de 40 ans, appelé à la direction du Lycée hors classe de Marseille.

L'administration de notre Lycée vient d'être confiée à un homme éminent, qui n'est pas une nouvelle connaissance pour nous, car tour à tour professeur d'histoire, puis censeur au Lycée, il ne l'avait quitté que pour être mis à la tête de celui de Valenciennes. Félicitons-nous de son retour. Le seul désir que nous pourrions manifester, c'est que, connaissant son passé, son séjour se prolongeât longtemps comme directeur de notre grand établissement, qui avec lui ne pourra que prospérer.

Comme il est facile de le voir par cette liste, un grand nombre de proviseurs du Lycée, en quittant leurs fonctions, ont été appelés à des situations importantes et délicates qu'on ne confie qu'à des hommes remarquables et fortement éprouvés.

Mais si le Lycée de Caen peut être fier de ses proviseurs, que ne peut-il dire aussi des professeurs qui en ont occupé les diverses chaires ? Ne peut-il pas s'enorgueillir d'avoir possédé des hommes tels que MM. Vacherot, Jules Simon, Émile Saisset, T. Henri Martin, Hippolyte Rigaud, Berger, Colin, Lachelier, le physicien Desains, et tant d'autres qui mériteraient bien aussi une mention spéciale.

On ne doit donc pas s'étonner de ce qu'avec de tels maîtres, le Lycée ait produit un nombre considérable d'hommes remarquables dans toutes les classes de la société. Sans parler du célèbre navigateur Dumont-d'Urville et de l'illustre astronome Leverrier, il suffit de compulser les annuaires passés et présents du clergé, de la magistrature, de l'armée, etc., on y peut trouver, dans toutes les situations les plus élevées, d'anciens élèves de notre Lycée. Naguère encore on y voyait figurer le procureur général à la Cour de cassation, M. Bertauld ; l'archevêque de Besançon, Mgr Ducellier, l'ambassadeur M. de Banneville et bien d'autres encore. Aujourd'hui nous pouvons signaler entre autres M. Poubelle, préfet de la Seine, Mgr Germain, évêque de Coutances ; dans la diplomatie, M. Le Myre de Vilers ; dans l'armée, les généraux Ladvocat, Paris, Brunet, de la Noë ; les colonels Madeline, de Christen et bien d'autres ; au Parlement, les anciens ministres de Marcère, Christophle, Ricard, Le Noël ; les députés ou anciens députés Riotteau, Henry, Liais, etc. A l'Académie de médecine, les illustres chirurgiens Labbé et Tillaux. Dans la magistrature, un premier président de Cour, M. Legrix ; dans l'instruction publique, M. Tannery, sous-directeur de l'École normale supérieure. Les facultés comptent parmi leurs professeurs un grand nombre d'anciens élèves. Enfin nous n'en finirions pas s'il fallait citer tous ceux qui par leur mérite, leur science, leurs services ont illustré le Lycée. Arrêtons-nous sur cette courte énumération qui ne comprend que les noms tombés au hasard sous notre plume ; tant d'autres devraient au même titre figurer à cette place ! mais la liste en serait trop longue.

Néanmoins nous ne pouvons nous dispenser de rappeler, comme exemple, qu'une seule classe du Lycée, il y a trente-cinq ou quarante ans, a donné, un archevêque, un évêque, un général, un de nos premiers chirurgiens, des professeurs de droit, des magistrats, des officiers, un ancien proviseur, naguère devenu censeur d'un des premiers Lycés de Paris.

C'est donc à bon droit que le Lycée peut revendiquer l'honneur d'avoir fourni plus que sa part d'hommes remarquables dans toutes les situations et surtout de citoyens utiles à leurs pays. Nous avons l'intime conviction que fidèle à la devise qui lui revient de droit : « Noblesse oblige », il ne s'écartera jamais dans l'avenir des traditions et des exemples de son glorieux passé.

Depuis quelques années, grâce a l'initiative de M. Victor Legentil, qui y fut élève distingué et y professa pendant une trentaine d'années, le Lycée a été autorisé à prendre le nom de notre grand poète Malherbe. C'est donc aujourd'hui le Lycée Malherbe.

Nous n'avons pas la prétention de faire l'historique complet des fastes universitaires du Lycée, nous laissons à de plus autorisés que nous le plaisir d'accomplir cet intéressant travail. Nous nous contenterons de passer brièvement en revue l'état des études au moment de la création du Lycée et les progrès accomplis. Il nous serait impossible d'entrer dans des détails trop méticuleux et trop précis sans empiéter sur l'histoire de l'Université en général depuis le commencement du siècle.

Si nous consultons les premiers programmes des études, nous voyons qu'au début il n'existait que deux catégories bien tranchées : les Belles-Lettres et les Mathématiques. La première comprenait : l'histoire, la latinité (thèmes, versions), la rhétorique (discours, éloges, dithyrambes de toutes sortes, mais spécialement en l'honneur du souverain ; sur la gloire, sur le bonheur d'acquérir l'immortalité).

Nous trouvons comme sujets de concours en l'an XIII (1805) entre autres : « Invitation aux écrivains et aux artistes, d'immortaliser la mémoire de Napoléon Bonaparte. — Parallèle d'un roi pacifique et d'un roi conquérant. — Bonheur de la France sous l'empire de Napoléon, etc., etc. »

On compose des odes, on ébauche des poèmes épiques ; l'histoire ne comprend que les parties susceptibles d'enflammer le courage des jeunes élèves, par l'exemple des grands hommes de l'antiquité ; on cite les hauts faits d'Alexandre, de César ; on lit et commente les vies des hommes illustres de Plutarque (sans oublier les allusions au héros moderne). Les noms de ceux-ci reviennent constamment dans les harangues, les discours, etc. C'est un regain des temps héroïques. Parmi toutes ces études, le grec est absent ; des langues vivantes étrangères, naturellement, il n'en est pas question, on les apprenait sur place en conquérant l'Europe.

La deuxième partie du programme s'occupait des mathématiques : géométrie, arithmétique, éléments d'algèbre, trigonométrie, astronomie, physique, sans que ces études fussent bien profondément étudiées ; le temps manquait.

Cet ensemble est loin de ressembler à ce qu'on exige aujourd'hui de nos candidats aux baccalauréats ; mais il ne faut pas oublier que le régime qui dominait la France était le gouvernement militaire, que la guerre étant en permanence on se préoccupait moins de faire des savants que de préparer des soldats. Aussi le règlement était essentiellement militaire, les divisions actuelles étaient des compagnies dont une partie était armée ; il y avait des sergents, des fourriers, des caporaux et l'on comptait même, étrange anomalie, un bibliothécaire par compagnie.

Ici, un fait particulier au Lycée de Caen nous arrêtera quelque peu. Il s'agit de la création d'un prix de morale, fondation excellente en elle-même, mais dont l'attribution est accompagnée d'une solennité qui reflète toutes les formes pompeuses de cette époque.

Un règlement dû au proviseur Vastel, ancien juge suppléant au tribunal de Cherbourg, son pays d'origine, règlement approuvé par le préfet le 15 pluviôse an XIII (1805), institua ce prix, mais la multiplicité des scrutins exige la reproduction presque in extenso de ce curieux document.

« Article XII. — Le 25 des mois de frimaire, ventôse et thermidor, les sergents et caporaux de chaque compagnie éliront au scrutin secret trois élèves de la compagnie qu'ils jugeront s'être le plus distingués par la régularité de leur conduite, la pureté de leurs mœurs et la bonté de leur caractère, l'un desquels pourra être choisi parmi eux. Ces listes partielles, signées d'eux, seront remises le même jour au sergent-major, qui convoquera sur le champ le bibliothécaire et les sergents auxquels il présentera ces listes, dont il formera une liste générale. Le sergent-major, le bibliothécaire et les sergents nommeront un caporal par compagnie, un des adjoints du bibliothécaire et huit élèves, âgés au moins de quatorze ans, pris dans les diverses classes, qu'ils choisiront d'après l'idée qu'ils se seront formée de leur équité et de leurs connaissances, et qu'ils s'adjoindront pour former le jury de mérite, qui sera présidé alternativement par le sergent-major et le bibliothécaire.

Le 26, le jury délibérant au scrutin secret, réduira la liste à six, dont trois au moins seront pris hors de leur sein. La liste ainsi réduite et signée de tous les membres, sera remise dans le jour au maître d'études de la première compagnie, qui la présentera à ses collègues, avec lesquels il la réduira à trois ; la liste de trois, signée des maîtres, sera remise au censeur des études, qui la réduira à deux, parmi lesquels le proviseur, après avoir pris l'avis du censeur, nommera l'élève qu'il jugera digne du prix de moralité. »

Le premier jour du mois suivant, le nom de l'élève jugé digne de ce prix sera proclamé, et *son éloge sera prononcé en son absence*, par l'un des élèves de la classe de Belles-Lettres, en présence du conseil d'administration, de l'aumônier, de l'officier instructeur, des maîtres d'études et des autres élèves. Appelé dans le sein de l'assemblée, il recevra des mains du proviseur un livre de morale, trois cartes d'exemptions majeures et six cartes d'exemptions mineures... Il sera membre de droit du jury du trimestre suivant. »

Le premier concours commença le 25 frimaire an XIII et l'heureux vainqueur fut le jeune Auguste-Pierre-Marie Barenton, de Pontorson, adjoint au bibliothécaire.

Tout se passa suivant le programme. Le 1er nivôse, l'éloge du lauréat fut fait par son camarade Julien Letertre, qui termina son panégyrique par ces mots :

« Mais tandis que je me laisse entraîner à la douce impulsion de célébrer un ami, j'oublie que je retarde le moment de son triomphe ; mais vos regards empressés et impatients m'avertissent ; qu'il paraisse donc ce jeune vainqueur, qu'il vienne recevoir des mains de la sagesse le prix de la vertu. » On fait entrer le jeune Barenton à qui le proviseur adresse ses éloges et ses conseils dans un discours un peu long pour être transcrit ici, mais dont il est difficile de retrancher la péroraison que voici :

« Jeune Barenton, je vous offre la palme de la Sagesse ; recevez ce prix de morale ; vous aimerez à y voir le développement des principes qui ont dirigé votre conduite. Pour exercer votre bienveillance, je vous donne trois cartes d'exemptions majeures et six cartes d'exemptions mineures : je suis sûr que vous en ferez une bonne application. Je vous autorise à sortir du Lycée, à édifier au dehors une fois par semaine pendant le trimestre. »

Cette phraséologie solennelle, ce mode compliqué de

scrutin, jusqu'à cette autorisation d'aller édifier une fois par semaine sembleraient aujourd'hui bien étranges, et pour trouver cérémonie semblable il faudrait aller s'adresser aux célèbres institutions Petdeloup, si toutefois il en existe encore.

La Restauration, plus pacifique que l'Empire, se préoccupa un peu plus des études et fit entrer le grec dans le programme. C'est alors qu'on put voir certains professeurs apprendre cette langue en même temps que les élèves auxquels ils étaient chargés de l'inculquer.

Une autre transformation eut lieu : à la discipline militaire succéda le régime ecclésiastique. Les lycées devenus collèges royaux, nom qu'ils conservèrent jusqu'à la deuxième république, affectèrent la physionomie de petits séminaires, et l'on institua même le billet de confession. Avec la monarchie de Juillet, nouvelle transformation ; l'esprit légèrement sceptique qui régnait alors, fit sentir son influence sur le mode d'éducation. Plusieurs ministres, entre autres MM. Villemain et de Salvandy, par certaines modifications apportées aux programmes d'études et d'examens, firent hausser le niveau de l'instruction et donnèrent une impulsion nouvelle au progrès.

Les quatre années de la République et le commencement de l'Empire, sauf cependant, chose d'une très grande gravité, quand la loi de Falloux enleva à l'Université son monopole, n'amenèrent guère de changements. Il fallut l'arrivée de M. Duruy, pour galvaniser, pour ainsi dire, l'instruction et lui redonner une nouvelle vie. Puis l'avènement de M. Fortoul, vint, avec la bifurcation en troisième entre les études littéraires et les études scientifiques, transformer les systèmes adoptés et par suite les examens. Cette épreuve fut vite reconnue défectueuse et ne tarda pas à être abandonnée.

Depuis vingt-cinq ans nous assistons à une suite d'essais répétés qui ne sont pas toujours couronnés de succès, mais dont le résultat certain est d'étendre progressivement et quelquefois même subitement les programmes d'examens, sans trop s'embarrasser de vérifier si ces examens sont toujours en rapport avec le temps consacré aux études et la somme des connaissances que l'élève peut acquérir. Comme on le voit, il y a loin des programmes des études du Lycée à ses débuts et de ceux d'aujourd'hui qui, pris à la lettre, embrasseraient des notions de *omni re scibili*, pour ajouter bientôt et *quibusdam aliis*. En tout cas quel est l'élève qui peut se vanter, depuis le système de bifurcation Fortoul jusqu'à aujourd'hui, d'avoir terminé ses études avec le système sous lequel elles avaient été commencées?

Sans pouvoir être accusé d'esprit rétrograde, partisan au contraire de tous progrès, mais prudemment atteints, nous ne pouvons oublier qu'il y eut des programmes moins chargés, en rapport réel avec les connaissances enseignées, peut-être moins multiples (sans, bien entendu, remonter à l'époque où elles étaient insuffisantes), mais susceptibles d'être mieux acquises, qu'alors tout élève de bonne volonté pouvait s'assimiler facilement les notions qu'on voulait lui inculquer. Ces diverses connaissances, lettres, sciences, chacun, suivant ses aptitudes, arrivait à se les graver profondément dans l'esprit, à les y incruster, pour ainsi dire, de sorte qu'il en restait toujours quelque chose. Car il ne faut pas se dissimuler que l'instruction n'est pas seulement donnée à des esprits supérieurs, qui eux trouvent toujours le moyen de l'étendre, mais encore à la classe beaucoup plus nombreuse des intelligences moyennes. L'avenir nous apprendra s'il y aura eu avantage à effleurer un grand nombre de sujets divers sans les approfondir et si par suite le bagage scientifique et littéraire d'un bachelier aura la même solidité et saura résister au temps.

Mais ces réflexions, s'appliquant plutôt au système d'instruction en général et non pas spécialement au Lycée de Caen, n'étant du reste que l'expression d'une opinion personnelle, il est grand temps de clore cette digression et de rentrer dans notre sujet.

L'UNIFORME

La création d'un établissement d'instruction publique privilégié, presque militaire, surtout à une époque où le nouvel empereur avait créé pour toutes les fonctions de l'État des costumes pour chacune d'elles, un uniforme s'imposait.

Le premier qui fut adopté consistait en un habit ou frac bleu de roi avec culotte courte et chapeau bicorne. Sous la Restauration, le pantalon remplaça la culotte et le chapeau haut de forme le bicorne.

C'est ce dernier costume qui a subsisté jusqu'à la fin de 1848. Le frac dont les pans étaient assez fantaisistes, longs pour les uns, courts pour les autres, tantôt s'arrondissant, tantôt s'effilant en queue d'oiseau, se fermait sur la poitrine par un rang de neuf boutons plats et dorés, portant en exergue : « *Lycée impérial* ou *Collège royal de Caen* ». Le pantalon, à grand pont, presque toujours trop court, permettait au bas bleu de se montrer entre lui et le soulier à cordons de coton. Le chapeau, vulgairement connu sous le nom de *taf* et dont les poils avaient des tendances à se hérisser, qui subissait tour à tour le soleil et la pluie, était déposé pêle-mêle avec les autres, pendant les récréations, sur une planche, *ad hoc*, placée dans la cour. Il ne conservait pas longtemps sa forme primitive. Rougi, bossué, déformé, affectant quelquefois la forme d'un accordéon, avec la cravate de soie noire en hiver, celle de mousseline blanche en été, il complétait parfaitement ce singulier uniforme.

Vers la fin de l'année 1848, ce costume parut suranné; on trouva que l'habit et le chapeau avaient assez vécu, et on leur substitua la tunique fermée par un rang de boutons, d'abord plats, plus tard bombés, et agrémentée, ainsi que le pantalon, d'un mince passe-poil rouge ; des palmes d'or furent brodées au collet de la tunique. Il va de soi, que le grand pont avait été supprimé au pantalon. Le vêtement était serré à la taille par une ceinture en cuir verni avec plaque en cuivre doré, portant entourés d'une palme les mots *Lycée de Caen*. Sous l'Empire, l'inscription fut placée en exergue et le centre de la plaque fut occupé par un aigle. A cela il faut ajouter le faux-col en crin, le *carcan*, qui de la part de certains administrateurs a valu de nombreuses privations de sortie à ceux qui le négligeaient. La coiffure imposée fut le képi brisé, semblable à la casquette des commissionnaires. Ce fut encore là une singulière trouvaille, car chacun brisant son képi à sa fantaisie, le fond tombait pour les uns sur le côté, pour d'autres en avant ou en arrière, ce qui rompait l'uniformité.

Cet inconvénient fut évité au commencement de l'Empire par l'adoption d'un petit képi assez élégant dont le drap était maintenu rigide par une mince baleine placée à l'intérieur. Sa forme, la visière carrée qui l'accompagnait lui donnaient une certaine crânerie militaire que bien des grands ne manquaient pas d'accentuer, puisque plus tard, à l'imitation des officiers de l'armée, ils voulurent aussi avoir le képi Saumur.

Jadis cette affectation de copier tout ce qui était militaire, à l'époque surtout où presque tous ceux qui portaient l'uniforme des Lycées pouvaient, à moins de vocations sérieuses, se dispenser du service, était approuvée. Mais depuis que tout lycéen est soldat-né, sans pouvoir se soustraire à l'impôt du sang ; quand tous doivent un jour endosser l'uniforme militaire, quel besoin se faisait sentir de supprimer tunique et képi pour les remplacer par un costume hybride, moitié marin, moitié séminariste, qui nous rappelle trop, à nous autres, la redingote traditionnelle des élèves ecclésiastiques, et qui en tout cas a le mérite incontestable d'être aussi laid que possible et ne paraît pas enthousiasmer, outre mesure, ceux qui sont obligés de le porter ? Ce fut une faute, car le peu d'affection pour un costume qui par lui-même a certaines tendances à paraître négligé, n'engage pas ceux qui le portent, à le soigner.

IV

LA VIE AU LYCÉE IL Y A QUARANTE ANS SOUVENIRS D'UN ANCIEN ÉLÈVE QUELQUES FIGURES DISPARUES

Pour donner un aperçu de la physionomie des usages, de la vie du Lycée, il y a près de quarante ans, le seul moyen est de rappeler ses souvenirs. Mais là se trouve un écueil inévitable auquel nous voudrions bien échapper, c'est la personnalité. Or, comme nous n'avons jamais eu l'intention de faire de l'autobiographie, qui, n'ayant rien de particulier, n'aurait rien d'intéressant pour le lecteur, nous éviterons autant que possible de nous mettre en scène. Nous nous contenterons de rappeler ce que nous avons vu et retenu de la période d'octobre 1847 à août 1855, époque de notre séjour comme interne au Lycée, laissant à ceux qui nous ont précédé et à ceux qui nous ont suivi, le soin de compléter ces quelques souvenirs. Nous ne parlerons pas, bien entendu, des années antérieures passées à l'école primaire annexée au Lycée où presque tous nos contemporains caennais avaient reçu les premiers éléments d'instruction.

En 1847, le Lycée était sous la direction de M. Renard (Michel-Mathurin), qui était en fonctions depuis le 20 août 1844. Personnage un peu effacé, qu'on ne voyait guère que le samedi pour la lecture des notes et le dimanche à la chapelle ; vivant en famille, il se prodiguait peu et éprouva une émotion bien désagréable quand la Révolution, en 1848, vint troubler le calme de sa vie.

Il avait pour censeur un homme dont toute la situation s'était faite au Lycée. Venu, comme maître d'études, sous les auspices de M. l'abbé Daniel, alors proviseur et son compatriote, M. l'abbé Desprez était devenu professeur de huitième, puis sous-aumônier, aumônier et enfin censeur. C'était un homme énergique, grand, fort; sa carrure et son pas cadencé lui donnaient la prestance d'un homme plutôt destiné à porter la cuirasse que la soutane. S'il ne passa jamais pour une des plus brillantes lumières de l'Université, il fut du moins considéré, et avec raison, comme un remarquable administrateur. C'était du reste, à cette époque, sur lui que reposait tout le poids de la direction. Ses vivacités étaient parfois... touchantes. Mais il faut reconnaître aussi qu'il était toujours prêt à rendre justice... quand on avait le temps de s'expliquer. Rarement, quiconque était dans son droit, revenait sans avoir obtenu satisfaction.

Après lui venait l'aumônier, M. l'abbé Rocquier, qui, plus tard, après avoir été principal du collège de Cherbourg, est mort retraité.

Le surveillant général complétait l'état-major du Lycée. Quel est celui de nos contemporains qui ne se rappelle pas la bonne figure de M. Jamet? Toujours souriant, les cheveux blonds frisés, de légers favoris en mousse encadrant sa large face à triple menton, il parcourait lentement les corridors des classes et des études et les petits réfectoires qu'il surveillait. Invariablement revêtu d'une redingote noire, d'un gilet de soie noire et d'un pantalon gris, il promenait gravement son ventre bedonnant et faisait résonner derrière son dos le trousseau de clefs qui ne le quittait jamais. C'était un excellent homme, très aimé, qui, généralement, se contentait d'observations amicales et allait rarement jusqu'à la punition. Trop bon, peut-être, car il ne se fâchait même pas des licences peu respectueuses qu'on se permettait parfois à son égard. Combien n'a-t-il pas, par ses conseils amicaux, mais souvent aussi en gardant un silence bienveillant, évité de désagréments à ceux qu'il trouvait en faute? Peu d'années après cette époque, il prit sa retraite et se retira dans son pays natal, à Clécy, croyons-nous.

Nous ne parlerons guère des professeurs, sauf peut-être de ceux qui étaient pour ainsi dire à demeure au Lycée, les autres changeaient souvent ; les basses classes seules avaient des professeurs presque immuables. La septième était divisée en deux sections dont l'une était dirigée par M. Soret qui, après avoir pris sa retraite, est mort maire de la commune du Pré-d'Auge, près Lisieux. La deuxième section était sous les ordres d'un homme dont il vaudrait peut-être mieux ne pas parler, qui après avoir été vingt-cinq ou trente ans professeur de septième et de sixième au Lycée, à la suite de chutes physiques et morales successives alla finir ses jours professeur au Collège de Bayeux. Les autres changeaient, et bien qu'on puisse encore parler des professeur de cinquième et de quatrième, de l'inamovible M. Quesnot-Desrivières qui cependant après avoir été le maître de nos pères et que nous retrouvâmes nous-même, arriva au provisorat de Nîmes. Mais notre intention n'étant pas de faire la biographie de tous les professeurs qui se sont succédé au Lycée, quelques figures seulement que bien des générations eurent l'occasion de voir, nécessitent une légère esquisse.

Dans le nombre, il est impossible d'oublier le successeur de M. Jamet comme surveillant général. Quel changement ! Pendant plus de quarante ans, combien d'élèves ont défilé devant l'œil inquisiteur de M. Orange, connu sous les noms irrévérencieux de Citron ou père

Pron. Jamais personne n'a pu l'accuser d'une bienveillance excessive et si sa physionomie était loin d'être sympathique il faut reconnaître également qu'il avait peu de sympathies pour qui que ce fût. Sauf pour quelques rares privilégiés, il ne voyait partout que gens en faute et son visage ne s'éclairait réellement d'un sourire, que lorsque le mercredi soir il venait lire la liste des consignés, ou le jeudi matin, lorsque chargé de délivrer les billets de sortie, il avait la bonne fortune de pouvoir en refuser. Quels malheurs ignorés avaient accablé ce misanthrope, pour l'amener à cette antipathie envers tous ceux qui portaient l'uniforme du Lycée ? Il fallait qu'il eût été cruellement aigri dès sa jeunesse pour s'être attiré par ses vexations l'animadversion de toutes les générations qui se succédèrent. Déjà de notre temps on se racontait qu'il y avait bien longtemps, car il était considéré comme un personnage préhistorique, ses souffre-douleurs en étaient arrivés à un tel état d'exaspération qu'un jour ils le pendirent dans un sac par une des fenêtres du dortoir ; qu'un autre jour ils le roulèrent du haut en bas du grand escalier. Ces faits, du reste, nous ont été certifiés par des contemporains, sinon des auteurs de ces actes regrettables. Longtemps nous eûmes à redouter ce croquemitaine, aussi c'était un bonheur de le mettre en défaut, ce qui, malgré sa perspicacité et sa vigilance sans trêve, arrivait encore souvent, surtout lorsque sa vue vint à baisser ; mais on n'y perdait rien, car à toute infraction il fallait un coupable. Nous sommes bien persuadé que son départ du Lycée n'a fait verser aucune larme ni pousser des lamentations de regrets.

A la suite venaient de nombreux maîtres d'études. Parmi eux quelques-uns, il est vrai, laissèrent des souvenirs désagréables ; mais en revanche, il en est qu'on aime à se rappeler. Nous en connûmes qui, tout en surveillant leur étude, sans tracasseries, et voulant arriver, nous aidaient de leurs conseils et travaillaient avec acharnement. Quelques-uns trouvèrent encore moyen, sur leurs maigres appointements, de venir en aide à leur famille. Certains parmi ces travailleurs sont parvenus à de hautes situations et ont été récompensés de leurs peines. Nous pourrions en citer quelques-uns parmi les hauts fonctionnaires de l'Université. Mais à cette époque (nous savons qu'il n'en est pas de même aujourd'hui, heureusement!) la tentation était trop grande, l'habitude trop enracinée pour que les professeurs et les maîtres d'études pussent se dispenser d'administrer avec une rare prodigalité des punitions variées dont quelques-unes eurent des conséquences déplorables.

Le pensum, que l'on masqua plus tard sous l'euphémisme de devoir supplémentaire ou de tâche, ce qui au fond était absolument la même chose, eut pour résultat, par l'abus qui en fut fait, d'arrêter chez certains élèves de bonne volonté, tout travail sérieux et de rendre matériellement impossible l'accomplissement du devoir journalier. Que pouvait faire, en effet, un malheureux externe ayant cinq leçons à chaque classe et se permettant de changer un mot dans une page d'une des fastidieuses grammaires de Burnouf (car c'était l'école non pas du sens exact mais du mot à mot absolu) quand il se voyait condamner par certains professeurs à copier de cinq à dix fois la leçon entière? Il était assuré qu'à la classe suivante on lui demanderait devoirs et leçons, lorsque le temps matériel lui avait manqué pour apprendre les unes et faire les autres. Il se voyait infliger un redoublement de copies à faire. C'était un engrenage dont il ne pouvait sortir quoi qu'il fît. Si encore il en eût été quitte pour perdre une année? Mais la recommandation le suivait dans la classe supérieure et il était ainsi destiné à rouler son rocher de Sisyphe.

Il faut reconnaître que l'effet de cette recommandation s'arrêtait aux classes supérieures. Ici c'était par eux-mêmes — et avec raison — que les professeurs voulaient juger de la capacité et des aptitudes de leurs élèves, qui alors étaient responsables de leurs fautes présentes et non pas de leurs actes passés, ou même de leur réputation.

Combien de fois des élèves qui dans les basses classes avaient été considérés comme des *cancres*, pour employer le mot, sont devenus dans les classes supérieures de bons élèves. On a souvent attribué ce changement à l'âge, à la raison ; on eût peut-être été plus dans le vrai en reconnaissant que livrés à leur goût naturel, n'étant plus sous la crainte de tracasseries incessantes, n'ayant plus de ces pensums ridicules qui les abrutissaient, ils n'avaient fait que suivre, sans obstacles, le penchant qui les poussait à s'instruire, et que rien ne venant entraver leur bonne volonté jadis méconnue, ils travaillaient comme les élèves studieux, ce qu'ils n'avaient jamais demandé mieux de faire.

Quant aux internes, les consignes, les retenues de promenade, les deux heures d'arrêts, à la fois pleuvaient comme grêle. Ces moyens de coercition qu'on appelait le maintien absolu de la discipline, étaient-ils bien nécessaires ? Il faut croire que non puisqu'on y a renoncé, du moins en partie. Et la meilleure preuve à en donner c'est que les classes les mieux tenues étaient celles des professeurs qui en usaient le moins. Nous citerons entre autres le cours d'un professeur de physique, depuis inspecteur à Paris. M. Roger n'infligeait jamais de punitions ni d'arrêts ; il adressait une admonestation toute bienveillante au délinquant, le priait de lui laisser tranquillement faire sa classe, qui du reste était fort intéressante, et il obtenait toujours le silence le plus profond et l'attention la mieux soutenue ; son départ a laissé les plus vifs regrets parmi ses élèves. Ceci ne valait-il pas mieux que d'accabler un malheureux de huit mille vers à copier donnés d'une seule fois, avec interdiction pour lui de reparaître au Lycée avant l'achèvement de cette tâche ? ce qui attirait à l'élève puni une nouvelle avalanche de pensums de la part du professeur qui tenait la classe suivante, à cause de l'absence forcée dont celui-ci ne pouvait accepter les motifs.

Heureusement, ce ne sont là que des souvenirs rétrospectifs, ce temps est passé et ne reviendra plus, espérons-le.

Malgré ces imperfections, le fonctionnement du Lycée se faisait régulièrement. Après le lever à 5 heures et demie, commençait à 6 heures l'étude des leçons qui durait jusqu'à 7 heures et demie, moment où un roulement de tambour invitait à se rendre au réfectoire pour le déjeuner. Tous les exercices, du reste, étaient annoncés au son du tambour. C'était au bruit de cet instrument que les divisions se rendaient des études aux classes, et réciproquement. Un élève auquel on accordait quelques immunités était chargé des fonctions de *tapin*, nom sous lequel et quel qu'il fût, il était toujours désigné. En 1847 le tapin en exercice était un Caennais, nommé Leroux, fils du tailleur du Lycée. Plus tard sous-officier de cavalerie en Crimée, il fut amputé d'une jambe, et fut décoré pour faits de guerre.

Au réfectoire s'alignaient des assiettes d'étain sur lesquelles les rayures faites par le couteau et des inscriptions à la pointe, laissaient des sillons qui en rendaient le nettoyage complet bien problématique. Auprès d'elles venaient se ranger les couverts d'argent des élèves, renfermés dans la serviette, le tout s'adaptant dans le gobelet. Le déjeuner n'était pas long à absorber. De la soupe, du pain qu'on pouvait arroser d'eau, tel était l'ordinaire. Heureux ceux qui pouvaient s'octroyer des douceurs telles que chocolat et lait chaud, que le portier livrait à beaux deniers comptants, après toutefois leur avoir fait subir un baptême consciencieux. Heureux encore ceux à qui leur famille, dans sa sollicitude, envoyait des pots de beurre ou des confitures, lesquels disparaissaient vite, partagés avec les amis déshérités. L'eau pure renfermée dans de grosses bouteilles de verre vert que la patine du temps et mille autres causes diverses rendaient opaques, était livrée avec générosité. Mais en revanche, malheur à ceux qui recevaient des provisions trop abondantes ou trop substantielles, car elles n'échappaient pas à l'œil vigilant du censeur, qui, dans l'intérêt sans doute de la santé des destinataires, s'empressait de confisquer les denrées prohibées. L'un d'eux, devenu proviseur depuis, y gagna un sobriquet que chacun connaît et qui lui resta jusqu'à la fin (1).

Après le déjeuner, récréation d'un quart d'heure jusqu'à huit heures. De huit à dix heures, classe. De dix heures à midi avait lieu l'étude des devoirs. Cette étude fut en partie remplacée pour les internes, à dater de la bifurcation Fortoul, par des conférences pour les classes supérieures.

C'était avec plaisir qu'on entendait à midi, le roulement de tambour appelant au réfectoire. Nous n'insisterons pas sur la nourriture « saine et abondante » ainsi que l'indiquait le programme. Qu'il suffise de dire qu'elle changeait quelquefois non pas sous le rapport de la variété des mêts, qui revenaient à jour fixe par un roulement régulier, mais sous le rapport de la quantité et de la qualité. Cela dépendait des économes. Certains jours

(1) Chippe andouille.

étaient spécialement appréciés, entre autres le mercredi avec son lard au choux et sa bourde. Ceux qui pourvus d'estomacs délicats auxquels ce mets semblait de difficile digestion, trouvaient toujours des amis pour leur acheter leur *portion* ou *pitance*. Il y en eut qui se firent une célébrité par leur affection marquée pour le lard au choux. Quant à la bourde ou chausson aux pommes, elle réunissait tous les suffrages. Les maîtres d'études qui partagaient le dîner des élèves avaient même aussi une telle sympathie pour la bourde, que deux d'entre eux se proposèrent un défi chez un pâtissier de la rue Écuyère. Le vainqueur en absorba à lui seul trente-deux, son concurrent ne put aller que jusqu'à vingt-huit. Puis venait trois fois par semaine, tant au dîner qu'au souper, le traditionnel plat de *fayots*. Une fois, le proviseur fit servir trois jours de suite le même plat sur la table d'une division, qui en avait trouvé la préparation et le goût défectueux. Le cidre, fabriqué au Lycée, était, avec l'eau, la boisson chargée d'étancher la soif des convives. Il n'a jamais, à notre connaissance, été de qualité tellement exceptionnelle qu'on fût tenté d'en faire abus.

Pendant longtemps, le pain coupé en morceaux et placé sur les tables, dans des corbeilles, était à discrétion ; mais un censeur parcimonieux, nommé Perboscq, jugea qu'on en usait avec indiscrétion, et le fit distribuer par le garçon de table. Cette largesse faite par une main dont la netteté laissait souvent à désirer ne fut pas du goût des élèves qui protestèrent énergiquement. Pour leur donner satisfaction, le censeur fit acheter des fourchettes de fer, au moyen desquelles le garçon fit la distribution. Le résultat réel de cette innovation fut qu'on ne put se procurer de pain qu'avec le bon vouloir d'un domestique, chargé du service de trente élèves, appelé en même temps aux deux bouts de la table, et qui vu le peu de temps des repas, vous apportait souvent le pain demandé... quand on sortait du réfectoire.

Une fois par an, le jour des Rois, il y avait festin ; aux deux plats traditionnels on ajoutait la dinde rôtie, puis outre le gâteau, obligé ce jour-là, on nous gratifiait d'une petite galette et d'une orange ; mais le comble de la prodigalité, consistait à nous donner du vin au dessert.

Que ces temps sont loin! La fête des Rois existe-t-elle encore? nous l'ignorons, mais nous avons pu assister à une nouvelle solennité, la célébration de la Saint-Charlemagne, de création récente à Caen. Cette fête, il est vrai, n'est qu'en l'honneur des premiers de leurs classes et par conséquent ne réunit qu'une partie des élèves. Mais elle laisse bien loin derrière elle, par son faste, notre pauvre Épiphanie ; on va jusqu'à y sabler le champagne! Cette année on a demandé que tous les élèves pussent y participer. Notre ancien camarade Edmond Henry, président actuel de l'Association amicale des Anciens Élèves, ayant émis le vœu qu'on associât par une seconde fête le souvenir d'Alcuin à celui de Charlemagne, espérons que, si jamais ce désir se réalise, un banquet général en l'honneur du ministre du grand Empereur ne verra pas de déshérités. N'oublions pas que dorénavant, grâce à M. Zevort, recteur actuel de l'Université, pour donner plus de solennité à cette fête annuelle, les autorités invitées prendront part au festin.

Au dîner succédait la récréation d'une heure en hiver et de trois quarts d'heure en été.

Dès l'arrivée dans la cour, aussitôt les rangs rompus, chacun se livrait à ses ébats préférés, à moins qu'un veto consistant en retenues, arrêts au piquet ou en file indienne, ne vînt couper court à toute velléité de distraction. C'est à ce moment redouté que ceux qui avaient quelque grief à se reprocher pouvaient s'entendre dire par un maître d'études méridional : « Voyez donc un peu voiré, mi ami, dévers cet arbré, si j'y suis. »

Les jeux étaient les mêmes que partout ailleurs, les dfférents jeux de balle, les barres, le saut de mouton, les billes, etc..... Dans les grandes divisions, des « *coteries* », c'était le nom donné aux réunions d'amis, se promenaient en parlant, comme des bandes de péripatéticiens ; d'autres se livraient à un autre exercice interdit aujourd'hui. Ils faisaient du jardinage. Tout le tour du parterre était encadré de jardins minuscules aux dessins variés, dans lesquels on soignait les fleurs, voire même les radis ou le cresson alénois. *Utile dulci*. Une décision subite d'un proviseur a fait disparaître, il y a quelques années, les jardins qui se transmettaient de génération en génération. Ce n'est pas sans un serrement de cœur que nous avons vu supprimer une magnifique épine rose qui avait largement profité, et que nous avions achetée et plantée de concert avec un ancien camarade, depuis devenu ministre. Cette particularité était sans doute ignorée, car alors on eût peut-être été heureux, si une cérémonie quelconque eût appelé le garde des sceaux à Caen, de lui faire admirer combien l'arbuste planté jadis par lui, avait prospéré. Nous ignorons quel tort a jamais pu faire à l'éducation, la culture des jardins, qui, en somme, était un exercice physique très appréciable auquel nous étions conviés par Virgile et Delille. Passe encore pour l'interdiction des bancs de gazon dans lesquels on élevait des lapins, parce que ces rongeurs trouvaient moyen de se frayer des voies sous le parterre et de mutiler les racines des arbres, ou bien encore, parce que souvent ces bancs recélaient des denrées de contrebande. Un coup de tambour, et on rentrait à l'étude consacrée aux leçons qui devaient être récitées à la classe de 2 heures ou de 2 heures et demie, selon l'époque.

Cette classe du soir, comme celle du matin, durait deux heures et était suivie de la collation, au pain et à l'eau, dans le réfectoire, sauf pour ceux qui avaient leurs provisions ou pouvaient acheter au portier qui circulait dans les cours, des tablettes de chocolat ou des *suçons*. Précédemment, ainsi qu'on peut s'en rendre compte dans la cour des petits, une conduite d'eau auprès de laquelle était attaché un gobelet, fournissait l'eau. Le pain était distribué par une ouverture ménagée dans le grillage d'une des fenêtres et la collation avait lieu dans la cour.

A la collation succédait une récréation d'un quart d'heure qui précédait la grande étude du soir, réservée spécialement aux devoirs; certains maîtres d'études refusaient d'y laisser apprendre les leçons du lendemain quand les devoirs étaient finis. En été, avant le souper avait lieu une récréation d'une demi-heure. Le souper, composé de deux plats, prenait vingt minutes, puis avait lieu la prière, et les élèves se dirigeaient vers leurs cellules.

A huit heures, les demi-pensionnaires regagnaient le logis paternel, sous la conduite de leurs parents, d'employés ou de domestiques. La règle leur interdisait de rentrer seuls. Il leur fallait un surveillant, garant de leur bonne tenue. Aussi comme il n'y avait pas de limites d'âge pour celui-ci, arrivait-il souvent de voir un grand garçon de 16 à 18 ans rentrer au domicile sous la protection d'une jeune bonne de 14 ou 15 ans. Il en était de même pour l'entrée le matin à six heures. C'était peut-être peu logique, mais néanmoins tout était pour le mieux puisque le règlement était observé.

Le jeudi, jour de sortie, avait lieu l'étude du matin, puis la messe, le déjeuner, la récréation, et une longue étude jusqu'à l'heure de la sortie. C'était pendant cette étude que se donnaient les répétitions de la musique du Lycée.

Cette musique, sous la direction de M. Tanneur, professeur bien connu, était généralement assez bonne. On recherchait beaucoup la faveur d'y être admis. En effet, outre le plaisir qu'on éprouvait à satisfaire ses goûts artistiques, il y avait une prérogative que certains enviaient. Chaque année, à la Saint-Sacrement et à la Fête-Dieu, la musique assistait à la procession de Saint-Étienne, et il était d'usage que M. le curé, qui avait été proviseur du Lycée, invitât cinq des musiciens à dîner, et donnât une large collation aux autres. A la suite d'abus, cet usage fut supprimé vers 1853 ou 1854, du moins en ce qui concernait la collation.

Le dimanche après l'étude, avait lieu la messe, puis le déjeuner et une récréation variant de trois quarts à une heure, l'étude suivait jusqu'à midi. Après venait le dîner, la récréation, et les vêpres. On montait après à l'étude, faire ses préparatifs pour la promenade qui avait lieu de deux heures à quatre heures en hiver et de cinq à sept heures et demie en été. Chaque division descendait se ranger sous les cloîtres où le proviseur la passait en revue, remettait au maître d'études son billet de route, lui indiquant le lieu où il devait se rendre. Ce lieu était généralement choisi sur une des routes avoisinant la ville et de façon que les diverses divisions ne se rencontrassent pas.

Au Lycée, quand on avait une indisposition quelconque, on montait à l'infirmerie dirigée par trois sœurs, Mme Sainte-Anne, Mme Sainte-Élizabeth (celle-ci avait en outre la haute surveillance sur la cuisine), et une troisième dont le nom nous échappe. Elles étaient aidées par un infirmier. Nous en avons connu deux qui se sont succédé mais qu'on aurait juré avoir été choisis sur le même modèle, le père Lambert et le père Victor : petits, maigres, chétifs, on les avait gratifiés du nom significatif de « *père Piston* ». Outre les soins donnés à l'infirmerie et qui étaient excellents, la sollicitude de l'administration allait, en hiver, jusqu'à faire faire par l'infirmier deux et même trois fois par jour, une distribution de tisane dans les études à ceux qui étaient enrhumés. Le père Piston orné de son tablier, ayant une serviette sur le bras, faisait le tour de l'étude, portant d'une main une grande cafetière et de l'autre une tasse, et par les temps froids, cette boisson chaude et sucrée n'était pas dédaignée.

Cette vie régulière se continuait d'années en années sans changements notables ; mais le 24 février 1848, amena aussi une révolution au Lycée.

Les premiers jours de stupeur passés, il se manifesta d'abord parmi les grands, puis parmi les moyens, une effervescence qui se communiqua jusqu'aux petits. Les études furent interrompues, on parcourut les cours et les couloirs aux chants de la *Marseillaise*, du *Départ* et des *Girondins*. Il n'y avait pas assez de cartons sur les cahiers fournis par le Lycée pour la fabrication des cocardes. Il y fut dépensé des flots de peinture. On attachait ces cocardes au haut du chapeau, et Dieu sait quelles dimensions elles atteignaient parfois ! Les boutonnières de l'habit étaient ornées de nœuds et de flots de rubans tricolores. Avec la cocarde au chapeau, l'uniforme ressemblait à celui que portaient les facteurs de la poste, à cette époque, avec cette différence, que ceux-ci avaient le collet rouge.

Pas de fêtes sans le Lycée, et l'on chômait souvent ; les cérémonies se succédèrent presque sans interruption.

Le 2 avril, jour de la célébration de l'avènement de la République, l'article 2 de l'arrêté municipal portait : « A 11 heures, *les élèves du Lycée* et de l'École normale, sous la conduite de leurs maîtres, se rendront dans la cour de l'hôtel de la Préfecture *pour former la haie servant d'escorte aux autorités.* » Était-ce bien *sous la conduite* de leurs maîtres ?

L'organisation alors n'était pas encore accomplie ; mais lorsque peu de temps après, la remise solennelle du drapeau fut faite par le préfet Félix Avril, accompagné des principales autorités ; quand eut lieu l'élection du sergent-major, des fourriers, sergents et caporaux, le Lycée fut enrégimenté, il accompagna la garde nationale dans toutes les réunions, en marchant par compagnies, les deux premières armées de fusils, lesquels plus tard furent réintégrés dans les placards du parloir.

C'était sérieusement qu'on figurait au nombre des manifestants et qu'on emboîtait le pas derrière la garde nationale, dont la musique, alternant avec celle du Lycée, jouait invariablement, en arrivant au pont de Vaucelles, le pas redoublé « *Le Huron* » qui fut alors désigné sous le titre de « *Prise du pont de Vaucelles par la Garde nationale* ».

Ces fêtes prirent fin après la visite faite à Caen par la 10e légion de la garde nationale de Paris, le 14 octobre 1848.

Peu à peu l'effervescence se calma, la discipline reprit ses droits et comme toutes les grandes révolutions celle du Lycée fut suivie d'une réaction. Alors vint l'Empire, rien ne fut innové au Lycée, sauf la suppression des exercices militaires ; les pensums et les arrêts qui avaient eu un moment d'accalmie reprirent leur cours. Rien ne fut changé, sauf que de nouveaux professeurs et de nouveaux élèves remplaçaient ceux qui partaient.

Nous en avons fini sur cette période de la vie du Lycée, nous souhaitons vivement que d'autres anciens élèves complètent cette étude bien imparfaite et pour laquelle nous réclamons indulgence, en faveur de la bonne volonté et de la sincérité.

V

ASSOCIATION AMICALE DES ANCIENS ÉLÈVES DU LYCÉE DE CAEN

Convaincu depuis longtemps, qu'il arrive un moment dans la vie où la plupart des anciens élèves d'un même établissement d'instruction, dans lequel ils ont noué jadis de solides liens d'amitié, éprouvent le désir de se revoir et de rétablir les relations interrompues par une longue absence, nous avions voulu leur en faciliter les moyens. Ce but seul ne nous suffisait pas. Nous désirions une association philanthropique qui pût venir en aide à ceux de nos anciens camarades auxquels la fortune n'avait pas souri. Nous savions, du reste, que ces services ne sont efficaces qu'autant qu'ils proviennent d'un faisceau de bonnes volontés, l'initiative individuelle n'étant pas toujours suffisante pour atteindre le but proposé; aussi, avions-nous songé, dès 1873 ou 1874, et même avant, à la création d'une association entre les anciens élèves de notre Lycée. Notre situation personnelle ne nous donnant pas, à notre avis, une autorité assez importante pour nous permettre de nous mettre à la tête du mouvement, nous nous adressâmes à plusieurs de nos anciens, pourvus alors de hautes fonctions. Notre proposition fut très chaudement accueillie. Un banquet annuel, rien de mieux; réunion d'anciens camarades, c'était parfait; mais, faut-il l'avouer ? nous éprouvâmes une certaine froideur quand nous vînmes à parler de la cotisation annuelle en vue de venir en aide aux deshérités d'entre nous. L'appui moral même semblait un fardeau à redouter. D'un autre côté, nous apprîmes que nous allions avoir à nous heurter contre la volonté du proviseur (1), hostile à toute espèce d'association dont il craignait, bien à tort, une influence envahissante, une atteinte, chimérique, à son autorité.

Rebuté, découragé, nous abandonnâmes notre projet. Sans doute, nous nous étions mal adressé ; peut-être manquant de confiance en nous-même, n'avons-nous pas été suffisamment pressant, toujours est-il que nous fûmes contraint, malgré nous, d'abandonner ce projet.

Heureusement, en 1882, un de nos camarades, M. Guerlin de Guer, plus confiant, animé d'une belle ardeur, sûr, du reste, de l'appui du nouveau proviseur, M. Rousselot, eut de son côté, cette conception et la mena à bien. Il vit quelques-uns d'entre nous, nous soumit son idée, et naturellement tous nous l'accueillîmes avec enthousiasme. Une première réunion eut lieu. Chacun de nous ayant obtenu un certain nombre d'adhérents, on nomma une commission pour élaborer un programme qui devait être soumis à une assemblée générale.

Celle-ci se réunit le 17 décembre 1882 et les statuts furent définitivement adoptés ce jour-là. On renvoya, après avoir maintenu à la commission provisoire ses pouvoirs, à la date du 18 février le banquet et la nomination du bureau et de la commission.

Les statuts adoptés constituaient une association dont le but, y est-il dit : « Est de créer et entretenir entre les anciens élèves du Lycée de Caen des liens étroits de camaraderie et d'affection ; 2° procurer en toutes circonstances aux associés un patronage et un appui mutuels ; 3° favoriser le développement des

(1) M. l'abbé Desprez.

études par la fondation de prix annuels portant le nom de l'Association, et par des subventions, bourses ou fractions de bourses, dans des conditions à déterminer par un règlement intérieur; 4° venir en aide aux anciens élèves dignes d'intérêt, à leurs veuves et à leurs enfants.

La cotisation annuelle était fixée à dix francs, mais moyennant le versement d'un capital de cent francs une fois fait on pouvait se dispenser de payer cette cotisation.

Le 18 février 1883 eut lieu cette première réunion. Déjà la liste comprenait près de 300 membres et ceux qui assistèrent au premier banquet furent nombreux. Combien de ceux qui se retrouvèrent ensemble, dans ce même Lycée, après une longue absence, furent heureux de l'occasion qui leur permettait de se réunir. Combien d'autres que les froissements de la vie avaient séparés, renouèrent une nouvelle amitié que chaque réunion annuelle resserre de plus en plus. Bref tous les assistants se retirèrent enchantés, se promettant bien de faire une chaude propagande en faveur de la nouvelle association. Et elle fut effective cette propagande, car notre Société n'a fait que s'accroître, mais pas encore en rapport avec les services qu'elle a déjà rendus et qu'elle est appelée à rendre. Elle a tenu même plus qu'elle ne promettait. Aujourd'hui, en 1895, les revenus de l'association sagement administrés, nous permettent d'avoir une bourse créée au Lycée et nos ressources annuelles d'en entretenir une seconde, de sorte que depuis quelques années déjà l'association paie au Lycée la pension de deux jeunes gens, fils d'anciens élèves. Néanmoins, pour faire profiter un plus grand nombre de candidats, on a pu diviser ces bourses par quarts, demi-bourses et trois quarts de bourse, pouvant dans certains cas être transformées en bourses de demi-pension ou d'externat.

Des secours ont été accordés à quelques anciens élèves, gênés ou dans une situation précaire, et cela avec la plus grande discrétion, pour que l'amour-propre des intéressés ne pût être froissé. Un élève, le jeune Bérard, étant mort victime de son courageux dévouement, la Société a participé à l'érection du monument qui lui a été élevé et s'est fait représenter à ses obsèques.

Trois prix par an ont été décernés aux trois élèves de Mathématiques, de Lettres (Philosophie et Rhétorique réunies) et de l'Enseignement moderne, qui dans toutes ces parties avaient obtenu le plus grand nombre de points, suivant le coefficient fourni par chacun des professeurs. Tous nos lauréats, après leur départ du Lycée, nous ont fait honneur et ont justifié la récompense qui leur avait été décernée.

Mais cette association, qui compte entre 450 et 500 membres, devrait être plus nombreuse ; ses moyens d'action seraient plus grands et elle pourrait aussi faire un plus grand nombre d'heureux. Sans doute elle n'est pas assez connue, c'est probablement le seul motif qui entrave son accroissement, car nous savons qu'avec cet esprit de généreuse camaraderie, qui a toujours caractérisé les relations des anciens élèves de notre Lycée, beaucoup de ceux qui ne sont pas encore des nôtres, ne manqueraient pas, s'ils en savaient l'existence, de demander leur admission comme sociétaires, ne fût-ce que dans le but de venir en aide à d'anciens camarades, en leur allégeant les frais d'instruction de leurs enfants, et par suite en permettant à ceux-ci de se faire une situation, et de rendre plus tard à leur tour à d'anciens amis, les mêmes services qu'ils auraient reçus.

Une autre cause arrêta peut-être aussi notre développement.

Nous savons bien qu'il est plus facile de recruter les

membres de l'association parmi les anciens que parmi les jeunes ; ceux-ci, en effet, se voyant chaque jour, n'ayant pas encore souffert des longues absences, ne prévoient même pas qu'ils pourront se quitter un jour, et ce n'est que plus tard, après s'être créé de nouvelles relations, qu'ils se rappelleront les anciennes affections, et désireront trouver une occasion de les renouveler. Ne serait-ce pas plus simple de ne jamais les interrompre, et le meilleur moyen pour arriver à ce but serait d'entrer le plus tôt possible dans notre association. Ils n'auraient qu'à y gagner, puisqu'un des objets qu'elle se propose est le patronage et l'appui mutuels. Pour faciliter l'adhésion des jeunes, il a été décidé, l'année dernière, que chaque élève qui serait admis, à sa sortie du Lycée, serait pendant quatre ans dispensé de toute cotisation. C'est là déjà un moyen de lever quelques obstacles que nous rencontrons, car la raison pécuniaire est un des plus sérieux.

Pour les anciens, qui éprouvent du plaisir à retrouver des camarades d'autrefois, à se rappeler leur jeune temps, et de plus à soutenir le vieux renom de leur ancien Lycée, il en est qui ne demanderaient pas mieux de s'associer à nous s'ils en étaient sollicités.

Redoublons donc d'ardeur, pour propager la connaissance de notre existence, encourager les hésitants, et leur faire comprendre qu'au bout du compte, chacun trouve son intérêt à cette réunion, ne fût-ce que celui de raviver de vieilles affections qui risqueraient fort de s'éteindre.

La première réunion générale ayant eu lieu le 18 février, on choisit cette date pour la réunion générale annuelle et le banquet, ou pour mieux dire, le dimanche le plus proche du 18 février. Mais la difficulté des transports en hiver, le froid, mille autres causes, engagèrent à reculer cette date, et en fixer une autre dans une saison plus favorable aux déplacements. L'assemblée décida que dorénavant elle serait reportée au troisième dimanche de mai, à moins de circonstances spéciales qui forceraient de remettre cette réunion à la semaine suivante.

Chaque année le banquet a lieu dans le grand réfectoire du Lycée, avec un entrain, une gaieté qui font oublier leur âge à bien des convives. Un punch termine la soirée et c'est avec émotion qu'on se donne rendez-vous pour l'année suivante, sans préjudice des rencontres que suscite cette recrudescence d'affection.

Depuis le 18 février 1883 jusqu'à aujourd'hui 1895, douze présidents se sont succédé. Ce sont, par ordre de nomination :

MM. Morière (O ✻), doyen de la Faculté des sciences de Caen ; Paul Toutain ✻, notaire, ancien maire de Caen; David Beaujour ✻, president de la Chambre de commerce; Docteur Liard (O ✻), ancien médecin-major des carabiniers; Docteur Labbé (C ✻), chirurgien des hôpitaux de Paris, membre de l'Académie de médecine; Le Myre de Vilers (C ✻), ancien résident général de France à Madagascar; Christophle ✻, ancien ministre, gouverneur du Crédit Foncier; Goupil (O ✻), ingénieur en chef, inspecteur des manufactures de l'État; Émile Le Noël, sénateur; Albert Mériel ✻, maire de Caen; Poubelle (C ✻), préfet de la Seine, et enfin Edmond Henry ✻, ancien député, président actuel.

Nous avons à regretter la mort de trois de nos anciens présidents, MM. Morière, Goupil et Le Noël. Des voix autorisées ont exprimé sur leur tombe les regrets de notre association. Dans l'espace de deux ans nous venons de perdre nos deux doyens, M. Eug. Solange d'abord, puis cette année le vénérable M. Boulatignier, qui était entré au Lycée en 1815.

Ce n'est pas l'occasion de dire : « Serrons les rangs ».

Non, nous devons au contraire combler les rangs, les augmenter et constituer ainsi une société forte, puissante, dont l'action bienfaisante se répande sur un plus grand nombre d'anciens camarades dignes d'intérêt.

Si nous parvenons à obtenir de l'État, ainsi que nous y engageait notre éminent président, M. Poubelle, le privilège d'être constitués en société d'utilité publique, nous pourrions avoir notre vie civile et recevoir les dons que voudraient nous faire d'anciens élèves, ce qui ne doit pas, néanmoins, empêcher ceux qui en auraient l'intention, d'augmenter dès maintenant notre caisse. Leurs générosités trouveraient certainement un utile emploi.

NOTE

Page 26, ligne 18. — En émettant l'opinion que le tableau représentant *Moïse tuant un Égyptien pour défendre les filles de Jéthro*, et attribué à Mignard, nous paraissait plutôt l'œuvre de Lebrun, dont il avait tous les caractères, nous étions dans le vrai. Depuis que cette étude est sous presse, nous avons pu nous convaincre que ce tableau est l'original d'après lequel Bernard Ier Audran, sous la conduite de Gérard, son oncle, a gravé, *d'après Lebrun*, la magnifique planche dont la collection Mancel, à Caen, possède une excellente épreuve.

HAVRE. — IMPRIMERIE DU COMMERCE, 3, RUE DE LA BOURSE.

www.ingramcontent.com/pod-product-compliance
Ingram Content Group UK Ltd.
Pitfield, Milton Keynes, MK11 3LW, UK
UKHW031946260826
14628UKWH00004B/1885

9 782013 433433